W0178309

DIETMAR BITTRICH

Plastik kommt mir nicht in die Tüte

HANDBUCH FÜR WELTVERBESSERER

cadeau

1. Auflage 2013

Copyright © 2013

by Hoffmann und Campe Verlag, Hamburg

www.hoca.de

Umschlaggestaltung: pawlesteigenberger.de

Satz: Dörlemann Satz, Lemförde

Druck und Bindung: GGP Media GmbH, Pößneck

Printed in Germany

ISBN 978-3-455-38139-9

HOFFMANN UND CAMPE

Ein Unternehmen der
GANSKE VERLAGSGRUPPE

INHALT

Bewusst leben

Familie ökologisch fit machen

Emissionsfreies Zusatzkapitel

STOPP. SCHLUSS.

Bitte lesen Sie nicht weiter. Sie sind hier falsch. Sie haben es nicht begriffen. Ganz offensichtlich haben Sie sich heute Morgen die Zähne geputzt, und zwar mit fließendem Wasser, stimmt's? Und Ihre Zahnbürste war keineswegs aus Holz, sondern aus Plastik, richtig? Okay, dann sind Sie hier grundverkehrt. Womöglich fahren Sie obendrein gelegentlich mit einem Auto? Sie besitzen sogar eines? Bitte hören Sie auf, dieses Buch weiterhin mit Ihrem Blick zu verschmutzen.

Sie verreisen zuweilen? Sie haben innerhalb der letzten zwölf Monate in einem Flugzeug gesessen? Sie könnten sich sogar vorstellen, so etwas wieder zu tun? Sie haben hier absolut nichts zu suchen. Wahrscheinlich haben Sie auch schon mal eine Flasche aus Weißglas in einen Grünglasbehälter geworfen oder, eine noch entsetzlichere Vorstellung, eine grüne Flasche in den Weißglascontainer. Sie sind eine unerwünschte Person. Sie haben schon mal Plastik im Restmüll entsorgt? Jetzt reicht's.

Ach, vielleicht einen Moment noch. Eine Chance für Sie. Bitte – schauen Sie doch mal eben auf die Uhr. Jetzt. In diesem Moment. Was zeigt Ihre Uhr? Etwas anderes als fünf vor zwölf oder als fünf nach zwölf? Alles klar. Dann sind Sie ein Umweltschädling. Und obendrein ein Klimaskeptiker.

Vielen Dank. Das ist genug. Die Zeit, die Sie benötigt haben, diese zwanzig Zeilen zu kapieren, hat glücklicherweise ausgereicht, um Ihren energetischen Impuls zu Ihnen zurückzuverfolgen. Gleich wird es an Ihrer Tür klingeln. Wundern Sie sich nicht. Es ist nur Ihr Öko-Blockwart. Er wird Sie Spezialisten übergeben, die sich auskennen mit Leuten wie Ihnen.

In den restlichen drei Minuten bleibt Ihnen gerade noch Zeit, das Zitat eines aussortierten Freundes von mir zu lesen. Sie werden ihn möglicherweise dort treffen, wohin Sie überstellt werden. Dieser Freund war ein erfolgreicher Maler. Er lebte in Wiesbaden. Als es ihm zu Ohren kam, dass ich an einem Buch zum Umweltschutz und zur Verbesserung der Welt arbeitete, war er entweder so dreist und so unvorsichtig, mir eine Mail zu schreiben und sich darin zu beschweren.

Zunächst über die Mülltrennung. »Früher hat es vor unserem Mietshaus nur eine einzige Tonne gegeben«, schrieb er, »jetzt sind es vier verschiedene, und gegenüber steht noch ein Glascontainer. An jedem Wochentag schiebt sich ein großes Müllfahrzeug durch unsere Straße, an manchen Tagen zwei. Ich wohne im zweiten Stock und muss jedes Mal die Fenster schließen, sonst wehen die Abgase herein. Taucht so etwas in der Klimastatistik auf? Und weil ein derartig monströses Fahrzeug vor ein paar Wochen mal nicht an den parkenden Wagen vorbeikam, ist jetzt die eine Seite der Straße komplett fürs Parken gesperrt worden. Die Zahl der Parkplätze wurde also halbiert. Seither kreisen allabendlich suchende Autos um den Block, rangierend, lärmend, Abgase ausstoßend, immer im Kreis. Wird so etwas in der Umweltbilanz berücksichtigt?«

Unglaublich, der Mann. Angesichts seiner Jammerei bin ich sofort hellhörig geworden. Und dann erfrechte er sich, auch noch zu schreiben: »Im Kampf um die Reinhaltung der Umwelt ist geistige Verschmutzung allmählich als legitimes

Werkzeug anerkannt worden: Besserwisserei, üble Nachrede, Angstmacherei, Verleumdung, Verdächtigung, Neid. Die selbsternannten Umweltretter sind fast ausnahmslos schlecht drauf und ziehen einen runter.«

Danke. Mehr musste ich nicht wissen. Ich habe die Mail unverzüglich an die zuständige Stelle weitergeleitet. Der Kunstmaler, sofort aus meiner Freundesliste gestrichen, ist noch am selben Tag abgeholt worden, von Angehörigen des Umweltkriseninterventionsteams. Seither wird er einer intensiven Klimaberatung unterzogen. Niemand weiß genau, wo. Aber die Schulung mit der damit verbundenen harten Öko-Arbeit wird ihm guttun, da bin ich mir sicher. Und er wird sie sicherlich überleben, es sei denn, er beharrt starrsinnig auf seiner Position. Dann muss er froh sein, noch eine kompostierbare Urne zu erwischen. Es ist nun mal so. Für Klimaschädlinge ist kein Platz mehr in unserem Land.

Oh – hat es da nicht eben bei Ihnen geklingelt? Hat es doch, oder? Mir war so. Ja, ja, das wird nun der ökologische Blockwart sein. Er wird Sie begleiten. Der unauffällige Wagen, der gerade unten vorgefahren ist, gehört der Geheimen Staatlichen Umweltpolizei. Ihr Platz ist bei den Gurten auf der Hinterbank. Keine Angst, selbstverständlich dürfen Sie einen Koffer mitnehmen! Packen Sie rasch das Nötigste ein. Und tschüs.

So. Den Leser wären wir los. Wir sind jetzt unter uns, wir, die Guten, diejenigen, die recht haben. »Die wenigen werden die Welt erretten«, heißt es. Damit sind wir gemeint. Es tut gut, das zu wissen. Und jetzt, wo dieser Schädling weg ist, scheint mir die Luft gleich ein bisschen klarer zu werden. Ihnen auch? Das Klima kühlt ein ganz klein wenig ab, die Eisbären können wieder fester auftreten, die Bienen freier fliegen, die Kröten unbesorgter über die Straße wandern, und das nächste Erdbeben oder Hochwasser ist fürs Erste abgewendet. Die Natur muss nicht zurückschlagen. Wir haben sie verteidigt.

Und das tun wir weiter. Wie wir dabei vorgehen, davon handelt dieses Buch. Es zeigt, wie wir unsere Freunde zu Verzicht und Bewusstheit erziehen können, etwa indem wir während ihrer Party die Glühbirnen aus den Lampen schrauben. Oder wie wir die gefährlichen Knopfbatterien aus den Hörgeräten betagter Mitbürger entfernen, die unsere Öko-Begeisterung ohnehin nicht verstehen. Das Buch gibt praktischen Rat für eine natürliche und delphinfreundliche Lebensweise. Es erklärt, wie wir Regenwasser für unsere Badewanne sammeln. Wie wir auf das Heizen des Backofens verzichten und dabei entdecken, dass Tiefkühlgerichte ohne Erwärmung viel mehr Mineralstoffe enthalten.

Die Nahrung, darin sind wir uns sicher einig, muss wieder zur Ursprünglichkeit zurückfinden. Ein Gramm Erde enthält über eine Milliarde essbarer Mikroorganismen! Gewiss, an den Geschmack muss man sich erst gewöhnen, doch unsere Verdauung freut sich. Und wenn wir zu Hause auf chemische Putzmittel verzichten, können wir bald nicht nur unsere gefiederten Freunde vor dem Fenster willkommen heißen, sondern auch drinnen eine wunderbare Artenvielfalt betrachten aus lauter winzigen krabbelnden und schnell laufenden Lebewesen.

Unser Verzicht auf Plastik ist längst Ehrensache. Aber er lässt sich vervollkommnen. Damit beginnt gleich das erste Kapitel. Die Rotorblätter der Windräder sind ja leider immer aus Kunststoff. Wir werden nachweisen, dass sie wieder aus Holz und Leinen sein sollten, wie damals, als wir noch im Einklang mit allem lebten. Wer auf sein Handy nicht verzichten mag, sollte es wenigstens mit der Kurbel aufladen.

Wir werden in diesem Buch erfahren, wie wir Batterien bereits vor der Benutzung korrekt entsorgen, wie wir einen Joghurtbecher gründlich und verordnungsgemäß reinigen, bevor er in die Müllverbrennung geht, wie wir Maden vom Rand der Biotonne sammeln, um eine klimaneutrale Mahlzeit zuzubereiten, und vieles mehr. Alle Tipps sind einfach zu befolgen und verbessern nicht nur die private Öko-Bilanz. Sie verbessern die Welt. Ja, sie verbessern vielleicht sogar die Natur.

Denn als mündige Bürger mit hoher Schwarmintelligenz dürfen wir auch unbequeme Fragen an die Natur selbst stellen. »Die Natur«, notierte einst Albert Schweitzer bedauernd, »kennt keine Ehrfurcht vor dem Leben.« Sie kennt auch keinen Fair Trade. Sie bekäme nicht mal ein Biosiegel.

Und da muss sich etwas tun lassen. Mal im Ernst: Sollen Schlangen weiterhin unschuldige kleine Tiere vergiften? Muss ein junger Kuckuck unbedingt seine Stiefgeschwister aus dem Nest drängen? Geht es nicht auch friedlicher? Aber bestimmt! Und blicken wir mal in den Kosmos: Die Aktivität der Sonne besteht aus einer unablässigen Folge atomarer Explosionen. Muss das wirklich sein? Natürlich nicht. Wir werden sehen, dass es auch ganz anders geht.

Wenn Sie eine Frau sind, ist das Vorwort an dieser Stelle für Sie zu Ende. Als Autor jedoch freue ich mich jetzt mal ganz persönlich darüber, dass nachhaltig und klimabewusst lebende Männer wie ich endlich vermehrt zu Samenspenden aufgerufen werden – damit die Menschheit schon vor der Geburt besser wird!

Kurz vor Drucklegung durfte ich erfahren, dass dieses Buch nunmehr ausdrücklich von der Bundeskommission zur Förderung des Klimawandels empfohlen wird. Es gilt jetzt als offizielles Vorbereitungsbuch für die Öko-Weltmeisterschaft, in der wir Deutschen siegen müssen, damit wir nicht mehr nur unsere Nachbarn, sondern alle Völker dieser Erde erziehen dürfen. Mögen sieben Milliarden Menschen irren – wir als Öko-Elite werden ihnen den rechten Weg weisen! Dieses Buch ist Begleiter und Ratgeber. Es ist ein beglückendes Geschenk für alle Freunde des unverfälschten Lebens – und für alle, denen der Ökofimmel gründlich auf den Keks geht.

Dietmar Bittrich
Träger der Hildegard-von-Bingen-Medaille
mit Eisenkraut und Pflugscharen

Ressourcen
schonen

OHNE PLASTIK LEBEN – SO EINFACH GEHT ES

Plastik kennen wir vor allem aus dem Bioladen. Dort wird Obst und Gemüse in Plastikschalen angeboten, Kräuter im Topf tragen eine durchsichtige Kunststoffhülle, Tofu ist in Plastik eingeschweißt, Fleisch ebenfalls, oft auch Käse. Joghurtbecher sind aus Plastik und wenigstens von innen damit beschichtet. Die Nudelpackungen sind aus durchsichtigem Kunststoff oder haben zumindest ein Sichtfenster aus Plastik. Am Tresen wird frische Ware in Papier verpackt, das mit Kunststoff beschichtet ist. Die Deckel von Flaschen und Gläsern sind mit Kunststoff überzogen. Und all das hat gute Gründe. Plastikverpackungen sind billiger. Sie verlängern die Haltbarkeit. Die Beschichtung tötet Keime. Und, nicht zu unterschätzen, die hormonaktiven Weichmacher kurbeln das Sexualleben der Verbraucher an, bei Heranwachsenden sorgen sie für eine frühere Pubertät und für größere und besser durchblutete Geschlechtsteile.

Wir, die wir die Pubertät annähernd hinter uns haben, denken global. Wir halten Plastik für einen der meistverbreiteten und zugleich gefährlichsten Stoffe der Welt. Wir haben im Fernsehen gesehen, dass zwischen Hawaii und Kalifornien ein Teppich aus entsorgtem Plastik treibt, der sogenannte »Nordpazifische Wirbel«. Darin schwimmt alles, von der Tüte über die Kabeltrommel bis zum Plastikfass und Plastikstuhl. Von Wellen und Licht wird es allmählich zersetzt und zerkleinert und schließlich zermahlen zu winzigen Kügelchen. Diese Kügelchen werden dann von Fischen und Muscheln gefressen. Falls wir mal Fisch gegessen haben, bestand er bereits zu einem Teil aus Plastik – wir selbst jetzt auch.

Vielleicht hat uns das bis jetzt nicht gestört. Doch ab jetzt verzichten wir auf Plastik. Unsere naiven Großeltern waren noch begeistert von Plastiktellern, Plastikgabeln, Plastiklöffeln, von vollsynthetischer Kleidung, wetterfesten Gartenmöbeln und abwischbaren Teppichen. Kaum zu glauben, aber all das besitzen wir schon lange nicht mehr. Unsere CD-Sammlung versteigern wir gerade. Und unsere Wäscheleine ist wieder eine gewöhnliche Schnur. Das ist schon mal gut. Aber es geht noch besser. Und zwar so:

Verpackungen aus Weichplastik und Schaumstoff scheinen unersetzlich. Wir beweisen das Gegenteil. Zum Einkaufen gehen wir seit langem nur mit Stofftasche, es sei denn, wir haben sie vergessen. Ab jetzt nehmen wir auch noch unsere eigenen Behälter mit. Diese Behälter sind aus Glas, aus Metall und aus Holz. Im Supermarkt lassen wir uns die Milch aus dem plastikbeschichteten Karton in unsere mitgebrachten Flaschen umfüllen oder, noch besser, in unsere antike Milchkanne aus handgerolltem Blech. Den Joghurt aus den plastikbeschichteten Bechern füllen wir in unsere Glasbehälter. An der Käsetheke lassen wir uns den Biokäse aus der giftigen Folie wickeln und in unser gesundes Holzkästchen legen. Und weil wir unseren Kochtopf mitgebracht haben, wandert das Biosteak kunststofffrei von der Fleischtheke gleich in unseren Topf. Eine EU-Hygienevorschrift schreibt vor, dass Fleisch- und Wurstwaren in keimtötendes kunststoffbeschichtetes Papier verpackt werden müssen. Doch wenn wir den Verkäuferinnen und Verkäufern klarmachen, dass wir gerade auf Keime und Mikroben Wert legen, werden sie uns gern unterstützen oder zumindest froh sein, wenn sie uns los sind.

Shampoo gab es früher in gläsernen Flakons. Und jetzt wieder! Denn auch den Drogeriemarkt betreten wir mit unseren eigenen Fläschchen. Wir füllen das Shampoo vor Ort in unsere Gläser. Die Angestellten sind beim Abzapfen gern behilflich. Dasselbe gilt für Flüssigseifen, Duschgels, Cremes, Badezusätze, Peelings, Bodylotions. Wir rücken mit unserem klirrenden Arsenal von Flaschen an, werden schon von weitem bewundernd willkommen geheißen und gehen sogleich ans Umfüllen – es sei denn, der Laden ist, was leider immer häufiger passiert, unmittelbar vor unserem Eintreffen wegen einer dringenden Betriebsversammlung geschlossen worden. Durchs Schaufenster sehen wir noch die Angestellten sich eilig nach hinten entfernen. Vermutlich wollen sie über Umweltfragen beraten.

Make-up benötigen wir nicht mehr. Wir gehen ungeschminkt aus dem Haus, um der Gesellschaft die Botschaft zu vermitteln: Altern macht Spaß, Augenringe sind schöner als Lidschatten, und Falten erzählen eine Geschichte, je tiefer, desto spannender. Überraschenderweise schminken sich auch Völker in Savanne und Regenwald. Ihre Farben sind jedoch frei von Konservierungsmitteln, von Silikonen, Tensiden, Duftstoffen, Mineralölen. Sie stammen allesamt aus biologischem Anbau und sind ohne Versuche an Mäusen oder Meerschweinchen hergestellt. Mäuse und Meerschweinchen werden von diesen Völkern lieber gegrillt. Die Schminkmittel hingegen werden aus Pflanzenstängeln gepresst, aus Staubgefäßen gesammelt, aus Rinde gezapft oder aus toniger Erde gerührt. Aber hallo! Das machen wir ab jetzt auch!

Vollkommen naturechte Völker in Papua-Neuguinea verwenden für Lippenstift, Rouge und Haarfärbemittel sogar das Blut erlegter Feinde. Eine Rückkehr zu diesem Brauch hat die von Pharmalobbyisten untergrabene EU-Kommission bisher schamlos abgelehnt.

Zahnbürsten gleiten heutzutage nur deshalb so glatt über Lippen und Zunge, weil sie aus Plastik bestehen. Das muss sich ändern. Und es geht auch: mit einer Holzzahnbürste. Sie hat einen Griff aus Holz und eine Bürste aus echten Naturborsten von Schwein, Kuh, Pferd oder Hofhund. In diesen Bioborsten bleiben die Keime nicht nur schonend erhalten, sie können sich sogar vermehren. Vielleicht noch wichtiger: Dank ihrer Maserung raut die Holzzahnbürste die Zunge auf, und die kleinen Risse im Holz sorgen für eine bessere Durchblutung der Lippen.

Zahnpasta kommt meist aus der Plastiktube oder aus einer Metalltube mit Plastikverschluss. Für uns undenkbar. Wir können statt Paste auch Zahnsalz benutzen, was nichts anderes ist als pulveriges Kochsalz mit Minzöl. Wir können also auch gleich Kochsalz benutzen. Einfach auf die Bürste streuen, mag auch das meiste danebengehen! Unterwegs dürfen wir die Zähne mit Finger und Fingernagel säubern; das wird gern gesehen. Oder wir essen einen Apfel. Dessen Enzyme und Fruchtsäuren lösen den Zahnschmelz auf, damit wir ihn beim nächsten Bürsten ganz wegputzen können.

Rasierapparate, ob Einmalrasierer oder elektrische Apparate, bestehen aus Hartplastik. Fort damit! Dankbar greifen wir zurück auf jene formschönen Rasierapparate, die in naturnahen Zeiten benutzt wurden: auf Glasscherben, Flintsteine, handgeschmiedete Messer mit Holzgriff. Am natürlichsten ist und bleibt jedoch der Bart. Bei wachsender Dichte taugt er zur Aufbewahrung krümeliger oder klebriger Lebensmittel sowie als Wohnstatt bedrohter Kleinlebewesen. Diese Winzlinge sollten auch ungestört Kolonien in unserem Achselhaar gründen dürfen.

Putzmittel in Kunststoffdosen und -flaschen sind zum Glück einfach zu ersetzen: durch Essig in Glasflaschen oder pulverisierte Zitronensäure. Essig und Zitronensäure sind so ätzend, dass wir Handschuhe benötigen, aber bitte nur aus fair gehandeltem Biokautschuk! Die halten zwar der Säure nicht stand, doch so werden auch unsere Hände gründlich sauber. Und etwas anderes ist in tieferem Sinne bedeutend: dass wir allmählich die trügerisch glänzende Oberfläche abätzen, die uns an Fußböden, Möbeln und Küchengeräten schon immer gestört hat. Wir wollen endlich unter die Oberfläche sehen!

Schnuller bestehen aus Plastik mit Weichmachern, die das Größenwachstum der Geschlechtsteile anregen. Das ist problematisch. Saugen mag ja ein Grundbedürfnis sein und ein Schnuller den plötzlichen Kindstod verhindern. Doch dafür brauchen wir plastikfreien Ersatz: etwa ein Leinentuch, das mit Mohnsamen und Honig getränkt ist, wie im alten Ägypten. Oder eine um den Hals gehängte Tonfigur, gefüllt mit Dattelmus und Alkohol, wie im alten Griechenland. Nun müssen wir nur noch den Kindsvater vom Bioschnuller fernhalten.

Küchengeräte wie Wasserkocher, Toaster, Mixer benötigen wir nicht mehr, wenn wir das Wasser im Topf kochen, über einem offenen Holzfeuer, über dem wir auch gleich das Brot rösten können. Den Rauchmelder legen wir vorher still, er ist ohnehin aus Plastik. Den Mixer ersetzen wir durch den Quirl unserer Urgroßmutter, die übrigens ohne Kühlschrank auskam. Sie bewahrte kühlbedürftige Lebensmittel im Keller auf. Die paar Treppen oder Stockwerke hinauf und hinunter werden unserer Gesundheit guttun. Schade, dass sie so früh gestorben ist.

Staubsauger bestehen zum überwiegenden Teil aus Kunststoff. Auf sie zu verzichten fällt uns leicht, wenn wir an unsere Ahnen denken. Sie mussten ohne Staubsauger auskommen. Und das ging! Sie fegten die Fußböden und hingen ihren Teppich einmal im Jahr über eine Teppichstange im Hof und klopften ihn aus. Das machen wir ab jetzt ebenfalls. Verklebten Teppichboden lösen wir zu diesem Zweck vorsichtig an den Kanten und rollen ihn Richtung Mitte zusammen. Die Möbel heben und schieben wir vorher beiseite. Dann nur noch nach unten tragen. Falls keine Teppichstange in Sicht ist, legen wir den Teppich über das Geländer des Nachbarn im Parterre und klopfen ihn dort aus (den Teppich; den Nachbarn nur bei ökologischer Uneinsichtigkeit).

Spielzeug aus Plastik lässt sich leicht ersetzen. Jahrhundertelang genügte den Kindern Spielzeug aus Holz und aus Blech und aus natürlichen Materialien. Umweltbewusst erzogenen Kindern reicht das bis heute. Ihre Playmobil-Figuren werden sie gern vergessen, wenn sie lernen, wie man aus Stöckern und Eicheln selbst anmutige Figuren herstellen kann. Und sie brauchen kein Lego mehr, sobald sie begreifen, dass man auch Steine aufeinanderlegen kann. Falls sie das nicht verstehen, mag eine Nachhilfe nützlich sein, mit rein biologischen Erziehungsmaterialien nach der guten alten Art unserer Ahnen.

Quietscheenten sind nicht nur in der Badewanne gefährlich. Seit ein chinesischer Frachter drei Container mit solchen
Enten verloren hat, schwimmen sie zu vielen Tausenden im
Ozean und führen immer wieder zu traumatisierenden Enttäuschungen bei Raubfischen und Kormoranen. Die Quiet-
scheente in der Badewanne ersetzen wir ganz einfach durch
eine echte Ente. Die quietscht nicht, aber sie schnattert und
ersetzt mit ihrem energievollen Flügelschlagen unsere Du-
sche, die wir abgeschafft haben, weil alle Dichtungen und
Leitungen aus Kunststoff waren.

Fahrräder enthalten Kunststoff im Sattel, in der Gang-
schaltung, in der Lichtanlage, in den Ventilen, sogar im Rahmen. Und Fahrradreifen bestehen keineswegs aus Kautschuk,
sondern vorwiegend aus Nylonschnur oder Polyamiden. Zum
Glück können wir all diese synthetischen Erdölderivate leicht
ersetzen, am besten alle auf einmal. Denn seit ein paar Jahren
gibt es Fahrräder aus Bambus! Jedes kostet um die fünftau-
send Euro – nicht zu viel, wenn dadurch die Weltmeere gerettet und ein paar Tsunamis verhindert werden können! Das
große Gesundheitsplus des Bambusfahrrads: Schon nach wenigen Fahrten beschließt man, nur noch zu Fuß zu gehen.

Fahrradhelme hat früher niemand vermisst. Heute werden sie Heranwachsenden vorgeschrieben, von einer Kom-
mission, in der die Vertreter der chemischen Industrie sitzen.
Denn Fahrradhelme sind aus Plastik. Gott sei Dank ist der
Ersatz hier besonders einfach: Wie in den alten Zeiten, als
wir noch nicht gegen, sondern liebevoll mit der Natur lebten,
genügt uns als Helm eine dicke Mütze. Im Gegensatz zum
Helm kann sie sowohl über die Ohren als auch schützend
über die Augen gezogen werden. Sie besteht aus Biobaum-

wolle und wurde kinderfrei gehäkelt. Als grüne Alternative gibt es Stahlhelme aus Bundeswehrbeständen.

MP3-Player sind entweder vollkommen oder zu großen Teilen aus Kunststoff. Dasselbe gilt für die Kopfhörer. Beides brauchen wir nicht, wenn wir zu unserer natürlichen Musikalität zurückfinden. Es ist für uns beglückend und für andere inspirierend, wenn wir singen, nicht nur zu Hause und im Auto, sondern auch in Bus, Bahn und Fahrstuhl, eben überall dort, wo wir bislang unsere MP3-Player benutzt haben.

Telefone waren früher aus Bakelit, einem Kunststoff aus Phenolharz. Auch Handys könnten daraus gebaut sein. Sie könnten sogar aus Naturharz sein, wenn die Industrie sich nur ein wenig mehr Mühe geben würde. Naturharz hat den Vorteil, dass der Hörer am Ohr haften bleibt, dass also während des Gesprächs – und auch danach – beide Hände zur Erledigung anderer Dinge frei bleiben – etwa zum Steuern eines Kraftfahrzeuges. Hoffentlich gibt es das Naturharz-Handy bald bei uns! Unsere alten aus Kunststoff geben wir schon mal vorsorglich bei der Problemstoffannahme ab.

Rohrleitungen aus Plastik hat es früher nicht gegeben – wie etwa die Fallrohre, die unsere biozertifizierten Ausscheidungen in die Kanalisation tragen. Nur in seltenen Fällen können wir die gefährlichen Plastikrohre eigenhändig aus dem Mauerwerk ziehen. Wir müssen den Vermieter nötigen, sämtliche Kunststoffrohre umgehend durch solche aus Ton oder Gusseisen zu ersetzen. Oder noch besser: Außentoiletten anzubringen, die unsere persönliche Defäkation mit derjenigen anderer Hausbewohner solidarisch in einen Faulschlammbottich plumpsen lässt, der schon wenig später in dem Öko-Vordergarten ausgebracht werden kann.

Mülltonnen sind aus Kunststoff. Das ist beschämend. Nur mit viel Geduld können wir noch ein paar alte Exemplare aus Stahl bei eBay ersteigern; leider müssen wir sie dann auch noch selbst abholen, weil die Menschen zu faul zum Verpacken sind. Die alten Stahltonnen klingen viel schöner, etwa wenn sie über Asphalt gerollt werden und wenn der Deckel zugeklappt wird oder wenn sie umfallen. Schade, dass sie so schwer zu finden sind. In der Regel müssen wir wohl unser Entsorgungsunternehmen ultimativ auffordern, Mülltonnen aus Biokunststoff aufzustellen, also aus Mais- oder Kartoffelstärke. Die sind zwar nicht flüssigkeitsbeständig und verrotten gleichzeitig mit dem Müll, mit dem sie befüllt werden. Doch gerade diese Kompostierung vor Ort ist sehenswert, für Kinder lehrreich und im Ergebnis weitgehend klimaneutral.

Autos bestehen im Wesentlichen aus Stahl, doch in der Ausstattung wird leider viel Plastik verbaut. Die Düfte nach neuem Auto im Innenraum sind nichts anderes als die Ausdünstungen der hormonaktiven Weichmacher. Um zu überprüfen, ob sie tatsächlich unser Sexualzentrum anregen, bleiben wir ein bisschen länger sitzen, am besten ganz entspannt in der dunklen Garage. Ah, ja, jetzt merken wir es schon. Und weil unser Auto durch seine Plastikanteile leichter wird, verbraucht es auch weniger Benzin. Sonderbar, aber in diesem Fall ist das Plastik mal gut für uns und für das Klima.

Künstliche Hüftgelenke, künstliche Kniegelenke, Hörgeräte und Herzklappen sind aus Kunststoff. Fachärzte für Psychosomatik plädieren seit Jahren dafür, auf solcherlei artifizielle Hilfen zu verzichten. Es sei psychisch gesünder, ehrlich und wahrhaftig zu sein, also ohne künstlichen Ersatz zu leben. Das ist wahr. Überdies sollten wir Solidarität üben mit den Ärmsten der Armen in den Entwicklungsländern und mit den Naturvölkern, die sich keine synthetischen Gelenke und Organe leisten können. Solidarisch, nachhaltig und gesund sind nur ehrliches Humpeln, Taubheit, chronische Schmerzen und früher Herztod.

Weltweit: Wir können nicht alles selbst machen. Manches können wir nur einfordern. Seit Jahrzehnten werden **Fischernetze** maschinell aus Plastik hergestellt. Sie müssen wieder mit der Hand geknüpft werden – aus Demeter-zertifizierter regionaler Baumwolle nach Ökotex-Standard 100! **Feuerzeuge** sollen wieder aus Metall gefertigt werden oder durch herkömmliche Streichhölzer abgelöst werden. **Bierkisten** waren früher aus Holz, und das sollen sie bald wieder sein; die kleinen Splitter bleiben als natürliche Akupunkturnadeln in den Händen. **Benzinkanister** bestanden aus Blech, ebenso **Eimer**, und das schepperte auch viel lebendiger, besonders wenn ein Eimer die Treppe hinunterpolterte; möge dieser schöne Klang wieder in unseren Häusern Einzug halten! **Bauarbeiterhelme** waren aus Eisen, genau wie die Helme von Soldaten, durch ihr Gewicht trainierten sie die Halsmuskulatur und machten Fitnesscenter überflüssig! Verpackungsmaterial aus **Styropor** lässt sich durch Pappe und Holzwolle ersetzen. Schluss mit dem Polyester in **Fußbällen**, zurück zum Leder, weg mit **Golfbällen** aus Kunststoff, zurück zu den bewährten ummantelten Eisenkugeln! Und natürlich auch: weg mit den **Windrädern**, deren Rotorblätter aus Faserverbundkunststoff sind. Sie können ohne weiteres wieder aus Holz und Leinen sein, wie damals in Holland und Friesland, als wir noch in Harmonie lebten. Übrigens wurden die Waren der Bauern damals nicht mit abgasintensiven Lastzügen in die Städte gefahren, also auf Rädern aus synthetischen Materialien, sondern sie wurden umweltschonend mit holzberäderten Ochsenkarren geliefert. Dahin wollen wir wieder kommen.

Zu guter Letzt: Verantwortungslose Bankmanager lassen **Kredit**- und **EC-Karten** immer noch und wider besseres Wissen aus Plastik herstellen. Häufig tragen diese Chipkarten auch noch einen integrierten Schaltkreis mit gefährlichem Mikroprozessor. Schluss damit! Leser dieses Buches, denen unsere Welt noch etwas bedeutet, schicken ihre Kredit- und EC-Karten bitte mit der traditionellen Briefpost an den Autor, am besten zusammen mit der Geheimnummer, damit eine klimaneutrale Entsorgung hundertprozentig gewährleistet ist.

UNSER KLO – ENDLICH PAPIERFREI

Unsere Freunde wissen es längst: Wenn sie uns besuchen kommen, müssen sie ihr eigenes Klopapier mitbringen. Selbstverständlich überlegen sie sich vorher, wie viel sie brauchen werden. Denn nicht nur wir selbst möchten kein Papier verschwenden. Wir möchten auch keine Verschwendung bei anderen sehen. Die Koralleninseln im Pazifik sollen erhalten bleiben und die Gletscher wieder ein wenig zulegen. Deshalb kehren wir zurück zu den Sitten unserer Vorfahren.

Benötigten unsere Ahnen Klopapier? Nein. Benutzen die Völker, die im Einklang mit der Natur leben, Klopapier? Ebenfalls nein. Brauchen wir es? Nein! Zumal die Rollen immer in Plastik verpackt sind! Überdies gefährdet das Bleichmittel, mit dem Klopapier geweißt wird, die Populationen von Schlammröhrenwürmern und Zuckmückenlarven in der Kanalisation. Die Prägungen und Perforationen irritieren die Rattenvölker. Und die Zellulosefasern schädigen die in den Faulschlammablagerungen wachsenden Abwasserpilze und Rattenschwanzlarven. Schluss mit dem Klopapier! Hier sind die wichtigsten Alternativen, erarbeitet vom Fraunhofer Institut für ökologischen Stuhlgang und artgerechtes Harn-lassen:

* Blätter, auch Laub genannt, als Geschenk vom Baum. Blätter bitte nicht selbst abpflücken! Auch der Baum ist ein fühlendes Wesen. Im Herbst gibt er seine Blätter gern freiwillig her. Es sei denn, es ist ein Nadelbaum. Tannennadeln sind allerdings zum Abwischen ohnehin nicht optimal geeignet. Zweck-mäßiger sind die großflächigen Linden- und Plata-nenblätter. Die benutzten Blätter bitte einrollen und gesammelt in die Biotonne des Nachbarn tra-gen oder auf seinen Kompost werfen.

* Altes Zeitungspapier. Aber nicht extra Zeitungen kaufen! Für den Druck deutscher Zeitungen wird täglich eine Papiermenge verbraucht, mit der drei-zehn Hektar Regenwald auf Sumatra aufgeforstet werden könnten. Also nur alte Zeitungen benutzen, am besten aus der Papiermülltonne bergen. Auch Briefe, Briefumschläge und gepolsterte Versandta-schen sind gut geeignet. Sie werden anschließend

nicht ins Klo geworfen, sondern gebündelt zum Recycling in den Papiermüll gegeben.

* Alte Waschlappen oder Lumpen. Noch unsere Urgroßmütter verwendeten in Streifen gerissene alte Kleider, die sie vor der Reinigung ihrer Ausscheidungsorgane in elfprozentiges Essigwasser tauchten. Den Eimer mit diesem Wasser einfach neben der Kloschüssel stehen lassen. Die Lumpen nach der Benutzung in die Altkleidersammlung geben oder, falls Mehrfachnutzung angestrebt wird, behutsam mit der Hand waschen.

* Die linke Hand nutzen! In vielen Ländern und leider gerade in Deutschland weiß die rechte Hand oft nicht, was die linke tut. In spirituellen Ländern wie Indien weiß man es noch: Die linke Hand wischt ab. Anschließend wird sie mit ein wenig Sand oder im Gras gereinigt. Bei der Begrüßung von Gästen bleibt die linke Hand in der Hosentasche. Beim Essen ruht sie bequem auf einem Schenkel. Lediglich zum Reinigen der Nase und der Zahnzwischenräume darf sie ab und zu hervorgeholt werden.

* Weitere Empfehlungen der Experten vom Fraunhofer Institut: Tapeten (nicht auf einmal, streifenweise!), Geburtstagskarten, Schulzeugnisse, Ahnenalben (seitenweise), Arztberichte, Urkunden, aussortierte Kuscheltiere, Briefmarkensammlungen (blattweise), Etiketten von Weinflaschen (bitte vorher von der Flasche lösen).

SCHLUSS MIT DEM INDIVIDUALVERKEHR

Was wir schon lange tun, sollten allmählich alle tun: umsteigen auf Bus und Bahn. Der Individualverkehr hat keine Zukunft mehr. Er produziert Frust und Emissionen. In den Isolierzellen ihrer Autos schmoren die Fahrerinnen und Fahrer ihrem Burnout entgegen. Das muss nicht sein!

Also alle hinein in die hellen, komfortablen Fahrzeuge des öffentlichen Personennahverkehrs! Hier gibt es freundliche Fahrzeugführer. Hier gibt es bezahlbare Stehplätze. Und vor allem: Hier gibt es menschliche Nähe. Hier ist der Austausch zwischen Menschen jeden Alters und Geschlechts möglich, ja zum Glück sogar unausweichlich.

Vieles ist verlorengegangen von der schönen Tradition unserer Großeltern und Urgroßeltern, die in Trams und Omnibussen noch unverkrampft mit Fremden diskutierten und Neuigkeiten austauschten, die gemeinsam stritten und lachten und in solch unbeschwertem Austausch zum lebendigen Miteinander fanden. Ist das für immer vorbei?

Nein! Gerade in unserer Zeit, in der die Menschen sich mit Kopfhörern voneinander abkapseln, wird jetzt eine uralte Form der Kommunikation wiederentdeckt: diejenige über Ausdünstungen und Gerüche. Wissenschaftler schätzen diesen unmittelbaren Austausch als besonders unkomplizierte Form der Kommunikation. Sie bedarf keiner missverständlichen Worte und langen Erklärungen. Sie wird auf Anhieb verstanden.

Es ist so schade: Wenn wir im Auto an der Ampel stehen, wissen wir nichts vom Fahrer im Wagen neben uns. Hat er gut gefrühstückt? Hat er sich die Zähne geputzt? Wir werden es nie erfahren. In Bus oder Bahn erfahren wir es auf Anhieb. Wir brauchen unser Gegenüber nicht einmal zu fragen. Wir erkennen am Geruch, was bei ihm auf den Tisch kam, am Morgen oder am Vorabend. Und wir erkennen noch mehr: Hier zum Beispiel verzichtet einer auf Zahnpasta in schädlichen Plastiktuben. Dort lehnt jemand ökologisch fragwürdige Haarwaschmittel ab. Unser immer feineres olfaktorisches Empfinden ist lernfähig. Mit wachsender Nutzung des öffentlichen Nahverkehrs können wir die pikanten Nuancen immer besser unterscheiden und immer präziser einordnen – genau wie ein erfahrener Weinkenner bei der Verkostung.

So werden Fahrten mit Bussen und Bahnen endlich wieder zu spannenden Entdeckungsreisen. Bitte sehr: Hier ist ein Mensch, der Solidarität mit der Arbeiterschaft kämpferischer Zeiten demonstriert; er strömt Leberwurst und Harzer Käse aus. Dort schlummert einer, der allen Rauchern das Anzünden einer Zigarette erspart; er setzt ausreichend Nikotin frei für alle. Und welche Art klare Flüssigkeit bevorzugt der Mensch da drüben? Nicht gleich fragen! Das verdürbe das Spiel. Immer erst raten!

Diese Dame hält eine oder wohl mehrere Katzen in ihrer Wohnung. Wir freuen uns über die Tierliebe, die unauslöschlich in ihr Kostüm eingezogen ist. Diejenige da drüben hat ihren Hund mitgebracht. Sein Hecheln dient dem Fahrgastraum als energiesparender Luftbefeuchter. Und nun etwas Besonderes: Der sympathische junge Mann, mit dem wir Schulter an Schulter sitzen – lüftet er womöglich nicht ganz korrekt? Das Bukett von Schimmelpilz – wohl *Aspergillus niger* mit einer Prise echtem Hausschwamm – steigt aus seiner Jacke, seiner Hose, seinem Hemd, seinen Haaren. Wir könnten ihn über die energieneutralen Vorzüge der Stoßlüftung belehren. Sollen wir? Wenn er den Kopfhörer abnimmt, hat er dafür sicher ein offenes Ohr.

Aber, ah, hier ist mal ein Vorbild für alle reihum: ein Mensch, der Wasser spart! Alle Fahrgäste im Bereich der nächsten vier bis fünf Sitzreihen bemerken es am säurehaltigen Bukett seiner Kleiderschichten. Er wäscht sie eben nicht mit grundwasserschädigender Häufigkeit! Lieber wendet er Trikotagen und Unterwäsche, falls sie schmutzig geworden sind. Und das sicherlich nicht nur, um das Wasser für die Dürrezonen der Welt zu sparen. Er weiß vermutlich auch, dass Wasser die Haut austrocknet. Er schont seine Epidermis im selben Maß wie seine Wasserrechnung. Öko-Testnote »sehr gut«!

Es ist gerade der sorgsame Umgang mit kostbarem Wasser und der Verzicht auf übertriebene Reinigung bei den Fahrgästen, der die öffentlichen Verkehrsmittel zu einem Ort wortloser Kommunikation macht. Mehr noch: zu einem Ort mannigfachen Lebens! Denn wo das natürliche Fett im Haar bleiben darf, wo der Schweiß aus Achseln und verschwiegenen Zonen nicht aus der Kleidung vertrieben wird, da finden jene winzigen Lebewesen Nahrung, die zu Unrecht pauschal als Bakterien verunglimpft werden. In ihrer unnachahmlichen Vielgestalt – kugelförmig und stäbchenförmig, gewendelt und gebogen, verkettet oder verzweigt – gehören sie zu den staunenswerten Wundern der Schöpfung. Schön, dass wir im Nahverkehr ausgiebig Bekanntschaft mit ihnen machen dürfen!

Wir wollen all unsere Freunde und Verwandten ermutigen, auf diese Bio-Erlebnistour umzusteigen. Anfangs mögen sie sich sträuben. Doch wollen nicht auch sie zurück zur naturnahen Lebensweise? Als die Menschen noch nah bei den Tieren und in der Natur lebten, merkte man ihnen ihre Herkunft und ihren Beruf am Geruch an. War daran etwas falsch? Im Gegenteil. Die Tendenz, die ursprünglichen Düfte und Ausdünstungen zu verleugnen, wegzuwaschen oder parfümierend zu überlagern, ist einer missverstandenen Hygiene geschuldet. Sie ist kennzeichnend für unsere entfremdete Lebensweise. Der Weg zurück ist kurz und spart Benzin: Im öffentlichen Nahverkehr können wir die Entfremdung mühelos überspringen. Übrigens springen auch von den scheinbar Fremden winzige Tiere hinüber zu uns. Willkommen!

ATOMKRAFTWERKE IN CHINA VERHINDERN – SO GEHT'S

China nimmt jedes Jahr zwei neue Kernkraftwerke in Betrieb, um Europa mit Ökostrom zu versorgen. Dieser Aufwand muss nicht sein. Wir können an so vielen Stellen Energie sparen! Die Menschen sind auch dazu bereit. Sie wissen nur oft nicht, wo sie anfangen sollen. Wir zeigen es ihnen gern.

Fernseher dimmen

Je heller ein Bildschirm leuchtet, desto mehr Energie verbraucht er. Dabei ist das helle Strahlen zudem noch besonders ungesund. Wenn wir unseren Fernseher dunkler einstellen, schonen wir nicht nur unsere Stromrechnung. Wir merken es bald auch an unseren Augen, die viel entspannter in die Welt hinaussehen. Und sogar das Programm können wir ökologisch ausrichten: Schwarzweißfilme verbrauchen weniger Strom als Farbfilme. Stummfilme noch weniger; sie sind oft schon von sich aus dunkel. Wenn unsere Sensibilität mit der Zeit wächst, werden wir unseren Fernseher freiwillig immer leiser und dunkler einstellen, allmählich die Farbe herausdrehen und den energiefressenden Kontrast mindern. Um nun noch etwas zu erkennen, brauchen wir nur alle Lampen im Raum auszuschalten. Schon wieder Strom gespart! Jetzt genießen wir das Fernsehen in seiner natürlichen Ursprünglichkeit: als matte Scheibe. Tibetische Lamas empfehlen den Blick auf stilles, dunkles Grau zur friedvollen Meditation. Wir spüren es bald: Tiefe Ruhe fließt in unser Nervensystem. Und wieder kann ein Kraftwerksblock im Reich der Mitte abgeschaltet werden!

Weniger fragen – mehr wissen

Der Google-Konzern hat es selbst zugegeben: Jede einzelne Suchanfrage verbraucht 0,3 Wattstunden. Mindestens. Suchanfragen nach Bildern, Karten, Musik oder gar Videos verbrauchen noch mehr Energie. Die Summe macht es: Sagenhafte 117 Millionen Suchanfragen gehen täglich aus Deutschland an Google. Naturbelassene Länder wie Guatemala oder Madagaskar könnten von dieser Energie ein Jahr lang leben! Ein Jahr lang Radio hören, im Hellen lesen und gelegentlich telefonieren von dem Strom, der bei uns an einem Tag für Fragen nach »Borussia Dortmund«, »Dschungelcamp« oder »Justin Bieber« verbrannt wird. Jammern hilft nicht. Wir müssen mit gutem Beispiel vorangehen oder, noch besser, unsere Freunde zum Verzicht animieren: zum

Verzicht auf Google. Wenn unsere Freunde etwas wissen wollen, können sie wie in den geruhsamen alten Zeiten im Lexikon nachschlagen. Da stehen zwar Justin Bieber und Dschungelcamp noch nicht drin, und der Trainer von Borussia Dortmund heißt dort Ottmar Hitzfeld. Doch beim Blättern entdecken unsere Freunde den Charme der stressfreien Jahre. Zugleich bekommen sie mehr und tiefergehende Informationen. Wahres Wissen ist schließlich nicht vom Datum abhängig. Noch wichtiger: Je mehr unserer Freunde und Bekannten verzichten, umso schneller können wir surfen. Für uns als Retter des Planeten sind aktuelle Informationen leider nach wie vor unverzichtbar.

Möbel verrücken

Im Sommer fällt es ökologisch kaum ins Gewicht, wo wir in der Wohnung unsere Möbel stehen haben. Im Winter wird es wichtig. Wenn Möbel zu nah am Heizkörper stehen, blockieren sie die Wärmezufuhr und stören die Zirkulation der Luft. Das führt nicht nur zu ungleichmäßigen Temperaturzonen im Raum, sondern auch zu Irritationen des Thermostats und zu energetischem Mehrverbrauch. Die Berliner Bundesanstalt für die Gewährleistung der ökologischen Unbedenklichkeit des Wohnklimas hat bereits 2012 klare Richtlinien herausgegeben. Demnach sollten Sessel, Sofas, Stühle, Tische mindestens zwei Meter Abstand zum Heizkörper haben. Besser noch drei Meter. Nur dann sind optimale Zirkulation und gleichmäßige Temperierung gewährleistet – und wertvolle Energie kann für bessere Zwecke eingespart werden. In vielen Wohnungen hat das einen kostbaren Nebeneffekt. Sofas, Stühle, Tische werden in der Mitte des Raumes zusammengeschoben. Das führt zu einem neuen Zusammenhalt in Familien und Wohngemeinschaften, zu beflügelnden Gesprächen, ökologischen Diskussionen und liebevoller Nähe. Weil körperliche Nähe wärmt, kann die Heizung nun noch weiter heruntergeregelt werden. Jedes Grad weniger Wärme bedeutet eine Energieersparnis von sechs Prozent. Der Treibhauseffekt wird gestoppt! Jedenfalls in unserer vorbildlichen Wohnung.

Waren enger legen

Einer der großen Energiesauger konnte erst kürzlich ermittelt werden: das Warentransportband an der Supermarktkasse. In Deutschland verbraucht es nach Messungen führender Nachhaltigkeitsforscher mehr Energie als in jedem anderen Land Europas. Deutsche Kunden halten zu viel Abstand voneinander. Jeder Kunde legt – sofern er bezahlen will – seine Waren aus dem Einkaufswagen auf das Förderband. Aber wie? Darauf kommt es an! Die Einkäufe des einen Kunden werden von denen des nächsten getrennt – entweder durch den sogenannten Warentrennstab oder durch ungenutzten Zwischenraum. An dieser Stelle wird jährlich Energie verschwendet, für die zwei Braunkohlekraftwerke stillgelegt werden könnten! Der leere Raum zwischen den Waren des einen und des nächsten Kunden wird in Deutschland größer gehalten als irgendwo sonst auf der Welt. Sogar, wenn ein Trennstab eingesetzt wird! Die Kassiererin – oder die Automatik der Lichtschranke – muss das Band folglich länger vorlaufen lassen, bis die nächste Ware gescannt werden kann. Der unnötig weite Abstand führt dazu, dass das Band häufiger angeschaltet werden muss und weite Strecken leer läuft. Hier sind wir zu Aufklärung und Information aufgefordert! Freundlich, aber bestimmt ziehen wir Kunden ins Gespräch, die ihre Waren zu weit vom Trennstab entfernt legen – und hier zählt jeder Zentimeter! Wir zeigen ihnen unverbindlich und kostenlos, wie es richtig gemacht wird. Wir schieben ihre Einkäufe zusammen, und zwar möglichst eng und passgenau, dass kein Zwischenraum bleibt. Um noch mehr Energie zu sparen, können wir die jetzt vorbildlich gepackten Waren per Hand in Richtung Kasse schieben. Der Motor des Bandes muss nicht eingeschaltet werden. Nach anfänglichem Befremden begrüßen fast alle Kunden unsere freiwillige Hilfe. Sie lernen von uns. Pro Supermarkt kann so jedes Jahr ein Hektar Regenwald gerettet werden!

Fahrstühle optimal ausnutzen
Aufzüge gehören zu den überflüssigsten Energieverbrauchern. In Deutschland sind zurzeit 673 000 Anlagen in Betrieb (von 5,3 Millionen in Europa). Zwei Drittel fahren in Wohngebäuden auf und ab, die meisten dank Seilen und Getriebe. Wie viele Siedewasserreaktoren allein dafür arbeiten müssen, darf hier aus rechtlichen Gründen nicht erwähnt werden. Es ist jedenfalls verheerend. Doch wir können etwas tun! Da die Aufzüge nun mal da sind, werden sie auch eingesetzt. Aber, und da muss sich etwas ändern, sie werden nicht energieeffizient genutzt! Von den 37,3 Millionen deutschen Aufzugsfahrten pro Jahr sind der überwiegende Anteil Fahrten mit nur ein oder zwei Personen sowie stromfressende Leerfahrten (Fahrstuhl steht leer im Erdgeschoss, wird aber im fünften Stock angefordert). Hier sind wir zum Handeln aufgerufen, wenn wir das Abschmelzen der Polkappen stop-

pen wollen. Zum Glück ist es ganz einfach! Wenn ein Aufzug für fünf Personen ausgelegt ist, sollte er auch mit fünf Personen besetzt sein, bevor er losfährt. Wenn wir zu zweit einen solchen Aufzug betreten, warten wir also, bis sich drei weitere Fahrgäste einfinden. Das kann mal ein bisschen dauern. Aber in unserer schnelllebigen Zeit ist solch ein Innehalten und Ausharren wohltuend. Wenn wir auf einen Aufzug warten, und er kommt, die Tür öffnet sich, und er erweist sich als nur mit zwei oder gar nur mit einem Fahrgast besetzt, ist es im Sinne der geschundenen Natur, wenn wir an die Verantwortung der Fahrgäste appellieren. Wir machen sie auf den Zusammenhang zwischen ihrem Verhalten und dem schlimmen Zustand unserer geliebten Erde aufmerksam. In der Mehrzahl werden sie zutiefst dankbar reagieren und sich das nächste Mal klüger verhalten. Mit ihrem Handy können sie nach dem Flashmob-Prinzip sehr einfach weitere Passagiere zusammenrufen, die sich über die kostenlose Fahrt sicher freuen. Zwar mögen wir durch unser Warten auf die perfekte Passagierzahl manchen Termin versäumen. Doch man wird uns verzeihen, wenn wir den guten Zweck unserer Verspätung erklären. Und in ausnahmslos allen Fällen werden wir feststellen, dass wir nichts verpasst haben.

Orgelkonzert stoppen

Was seit der Jahrtausendwende in Halberstadt zelebriert wird, noch dazu in einer Kirche, gilt international als energetischer Skandal. In Halberstadt wird seit der Jahrtausendwende mit erheblichem Stromaufwand das »langsamste und längstandauernde Musikstück der Welt« in Szene gesetzt. Es ist ein Orgelstück. In gewöhnlicher Spielweise dauert es dreißig Minuten. Doch wenn jeder einzelne Ton extrem gedehnt wird – und genau das hat der Komponist John Cage in seinem Testament vorgeschrieben –, dauert es bestürzende 639 Jahre! Und das wird in Halberstadt versucht! Umweltexperten schlagen Alarm. Die sogenannte Aufführung wurde im September 2001 begonnen, und erst im Jahr 2640 soll sie enden. Alle paar Jahre ändert sich der Ton. Zuletzt im Oktober 2013, danach erst wieder im September 2020. Die Balganlage, die den Dauerton der Orgel produziert, ist längst als unersättlicher Stromfresser überführt worden. Noch schlimmer: Zur Überbrückung von Stromschwankungen und Ausfällen ist ein Notstromaggregat in Betrieb genommen worden. Die Ökologische Initiative Harzvorland hat errechnet, dass zur Aufrechterhaltung dieses Gags bis zum Jahr 2640 der Betrieb von elf Kernkraftwerken vom Typ Tschernobyl nötig wäre. Da hilft nur eines: Stecker ziehen, Kabel kappen, Orgelpfeifen durch mundgeblasene Flöten ersetzen! Wenn denn diese Töne überhaupt sein müssen. Ihre Frequenzen gelten als naturfremd. Vögel und Kleintiere sind bereits aus der Umgebung der Kirche verschwunden oder wurden beim Freitod beobachtet.

UNSERE WÄSCHE – NICHT SAUBER, ABER REIN

Wir tragen nur Kleidung aus fair gehandelter Biobaumwolle. Schon lange. Und immer länger. Denn wir verschwenden so wenig wie möglich Wasser für Wäsche. Wir wollen ein Signal geben. Nachbarn, Freunde und Kollegen sollen schon von weitem – und auch bei Gegenwind – erkennen: Hier spart jemand Wasser für die Sahel-Zone. Hier verzichtet jemand auf klimaschädliche Waschmittel. Hier rettet jemand persönlich den Regenwald.

Falls wir unsere Kleidung doch mal waschen, verwenden wir garantiert keine flüssigen Waschmittel, denn die gibt es nur in Plastikflaschen. Pulverwaschmittel kommen auch nicht in Frage. Zwar werden sie in Kartons geliefert, jedoch stets mit Plastikhenkel. Wir können den Henkel sofort im Geschäft entsorgen und mit ein paar richtungweisenden Worten der Kassiererin überreichen. Der Karton ließe sich dann plastikfrei auf der Schulter nach Hause transportieren. Doch leider enthält das Waschmittel auch dann noch Phosphonate und Polycarboxylate, die der Artenvielfalt kleiner krabbelnder Lebewesen in unseren Abflussrohren gefährlich werden.

Als Alternative werden im Bioladen Seifenflocken nach alter Art angeboten. Seifen nach alter Art bestehen allerdings aus pflanzlichen Fetten (Kokos, Palmkern, Oliven, Sonnenblumen, Mais, Sojabohnen), die anderswo dringend als Nahrung benötigt werden. Überdies enthalten sie tierische Fette (Talg, Schmalz, Knochenfett), die bei etwas anfallen, das uns bereits als Begriff einen Schauder über den Rücken laufen lässt: bei der Tierverwertung. Seife ist Leichenseife. Immer. Deshalb kommt sie nicht in unser Haus. Niemals.

Zum Glück gibt es Waschnüsse. Das sind die Früchte des *Sapindus mukorossi*, des asiatischen Waschnussbaums. Ihre seifengleiche Reinigungskraft steckt in den Schalen. Waschnüsse reinigen ohne Enzyme und ohne Bleichmittel, genau genommen also überhaupt nicht. Und gerade das hat einen sichtbaren Vorteil! Unsere Kleider nehmen bald jenen gleichmäßigen Grauton an, der seit jeher als elegant gilt. Und wenn sich mit jeder Wäsche immer mehr Grau über die allzu bunten Farben legt, senden wir eine wichtige Botschaft aus: Es reicht, dass die Natur farbig ist! Wir wollen nicht mit ihr konkurrieren! Schaut nicht auf uns, ihr Menschen, schaut auf die Blumen!

Und auch Flecken sollen leben. Deshalb werden sie durch Waschnüsse nicht entfernt, sondern als belebendes Muster in den Grauschleier integriert. Dass die Waschmaschine mit dem Gebrauch der Waschnüsse bald gründlich verkalkt, ist ein ermutigendes Zeichen. Der Verzicht auf den Energiefresser Waschmaschine wird uns auf diese Weise leichtgemacht. Der einzige Nachteil der Waschnüsse: Trotz ausbleibender Reinigung sind die sogenannten Saponine aus ihrer Schale genauso schwer abbaubar wie die Tenside in synthetischen Waschmitteln.

Schade. Dann kehren wir also endlich zurück zur bewährten Waschmethode unserer Vorfahren und all der Völker, die heute noch im Einklang mit dem Universum leben. Wir waschen mit Wasser und kümmern uns selbst um die reinigende Mechanik. Wir treten also die Wäsche in einem großen Bottich, etwa einem Bierfass (vorher gründlich leeren!). Ein bis zwei Stunden Treten reichen bereits. Oder aber wir schlagen den Schmutz heraus, wie es unverfälschte Völker in Indien oder Afrika tun. Wer einmal dort war, kennt es, das nimmermüde Geräusch vom Klatschen der Wäsche, die von Frauen zur Säuberung auf Mauern und Steine geschlagen wird. Vorher wird die Wäsche kurz im Fluss gespült, meist am Ufersaum, damit die in der Mitte treibenden Leichen ungestört vorbeifließen können.

Falls wir nicht ausreichend Feldsteine in der Wohnung haben und die Mauern mit Tapeten beklebt sind, können wir die nasse Wäsche auf dem Küchenfußboden oder auf dem Badewannenrand ausschlagen. Das kann einige Stunden dauern. Doch es sind unterhaltsame Stunden. Es macht einfach Spaß, mitzuerleben, wie die Flecken allmählich herausgelöst werden, und zwar immer mitsamt den verschmutzten Fasern, also wirklich gründlich.

Die auf diese Weise zahlreich in unserer Wäsche entstehenden Löcher ersparen uns nicht nur den Kauf teurer Kleidung im umweltschädlichen Used Look. Die Löcher erhöhen die natürliche Ventilation der Haut und sorgen für den raschen Abtransport von Schweiß und Ausdünstungen. Außerdem erleichtern sie kleinen Tieren Landung und Labung. Nach einem Report der Weltnaturschutzunion zu naturschützender Kleidung bieten Löcher, durch welche nackte Haut schimmert, Flugplätze und Landebahnen für schützenswerte Stechmücken, Gnitzen, Schnaken und die oft zu Unrecht verunglimpften Zecken. Mit unserer Art der Wäsche leisten wir etwas für den Tierschutz. Wir haben ein gutes Gewissen. Wir sind vielleicht nicht sauber, aber rein.

ES GEHT AUCH OHNE WASSER

Im Inneren Australiens, in weiten Teilen Afrikas und in den Dürregebieten Asiens wird Wasser schmerzlich vermisst. Bei uns fällt es fahrlässig unkontrolliert vom Himmel. Wir sollten uns verpflichtet fühlen, sparsam damit umzugehen, gerade bei Regen! Die Regeln sind einfach: Duschen verbraucht weniger Wasser als Baden, und die Wäsche am kleinen Handbecken ist noch sparsamer. Früher genügte eine mittelgroße Emailleschüssel für eine ganze Familie. Und noch früher gab es Wasser nur aus dem Brunnen, streng rationiert. Im Sommer wusch man sich im Dorfteich oder im Bach, und im Winter zog man etwas an, das die Körpergerüche überdeckte. Solche gutgesättigten Kleider dienten zugleich winzigen Tieren als Schutz und Nahrung. Wer es ernst meint mit dem Naturschutz, kehrt dahin zurück. Viele tun es bereits. Wer noch skeptisch ist, kann es wenigstens besser machen als die Bürger anderer europäischer Staaten, die durchschnittlich zweihundert Liter pro Tag und Person verbrauchen. In Deutschland – dem Öko-Testsieger – verbrauchen wir nur hundertzwanzig Liter pro Person. Und es geht noch besser!

Der Umweltminister hat angeregt, den Zahnputzbecher wieder einzuführen, statt durch Putzen am laufenden Wasserhahn das kostbare Gut zu verschwenden. Nach Berechnungen des Ministeriums reicht eine einzige Füllung des Bechers für eine fünfköpfige Familie. Dabei sollten sich vom jüngsten Kind aufwärts alle aus dem Becher bedienen; zunächst das jüngste, weil es am wenigsten Bakterien und Fäulnisstoffe weitergibt. Nach ihm dann das nächstjüngere, später Mutter und Vater, und erst am Schluss sollte der Großvater sein Gebiss in den Becher legen. Das belebt auch das schon verlorengeglaubte Zusammengehörigkeitsgefühl in der Familie.

Weiter: Das Klo muss nicht nach jedem Gang gespült werden! Gelb kann stehen, Braun muss gehen, heißt die Regel, die seit Jahren bei allen Öko-Parteitagen beherzigt wird. Die Enquetekommission »Wasser sparen – jetzt!« weist überdies auf die vergessene Möglichkeit der natürlichen Entsorgung hin. Wer einen Garten habe, könne die biologische Düngung wieder einführen. Das tue auch den Pflanzen gut, zumindest den säurebeständigen. Doch, so die Experten, auch wer einen Balkon habe, solle ihn nutzen. Zunächst nur bei Dunkelheit, denn allgemein akzeptiert sei diese Möglichkeit des Wassersparens noch nicht.

Die Waschmaschine sollte nur noch in Ausnahmefällen in Gang gesetzt werden. Kleider wirken natürlicher und lebensvoller, wenn sie selten gewaschen werden. Sie bieten dann auch jenen Kleinstlebewesen wieder Raum, die durch Waschgänge bei vierzig oder sechzig Grad brutal und rücksichtslos vernichtet werden. Schluss mit dem Vernichtungsfeldzug in deutschen Waschmaschinen!

Von unserem bewussten Umgang mit dem Wasser profitieren nicht nur die Sahelzone, der Aralsee und andere benachteiligte Regionen unseres gemeinsamen Planeten. Wir selbst sparen Kosten. Ewiggestrige meinen darauf hinweisen zu müssen, dass die Wasserwerke seit ein paar Jahren das Kanalisationssystem mit Leitungswasser durchspülen. Und zwar, weil wegen des reduzierten Wasserverbrauchs jetzt die Fäkalien und Abfälle nicht mehr durch die Rohre abtransportiert würden. Sie blieben kleben. Mag ja sein. Das Trinkwasser, das wir einsparen, sollen die Wasserwerke gern in Rohre und Kanäle pumpen. So kommen endlich die zahlreichen vielbeinigen, glitschigen und langschwänzigen Lebewesen, die in der Kanalisation leben, zu reinem, frischem Genuss! Wassersparsamkeit ist gelebter Tierschutz!

ZUGLUFTDACKEL –
ABER BITTE NATURBELASSEN

Vieles deutet darauf hin, dass es nicht richtig klappt mit der globalen Erwärmung. Neuerdings glauben einige Wissenschaftler sogar, dass eine länger anhaltende Kälteperiode beginnt. Umso wichtiger, dass wir Heizkosten sparen. Nicht um unseretwillen, sondern um den Energieverbrauch weltweit zu senken. Und so einfach geht es: In den kühlen Jahreszeiten halten wir Türen und Fenster möglichst durchgehend geschlossen. Erstens bleiben Besucher dann nicht so lange. Zweitens können wir bei geringerem Sauerstoffgehalt besser ein- und durchschlafen. Und drittens vermeiden wir die gesundheitsschädliche Zugluft.

Wichtig: Falls es doch zieht, weil wir in einem alten Haus wohnen, benötigen wir eine klimaneutrale Zugluftblockade. Unsere Großeltern legten zusammengerollte Decken vor Fenster und Türen. Unsere Eltern heizten verantwortungslos. Wir kehren zu dem zurück, was unsere Urgroßeltern schon verwendeten: zum Zugluftdackel.

Ein guter Zugluftdackel ist etwa einen Meter lang und hat einen Durchmesser von zehn bis fünfzehn Zentimetern. Wir können ihn in großen Möbelhäusern erwerben, wo er freilich weder ein Biosiegel trägt noch fair gehandelt wurde. Die meisten käuflichen Zugluftdackel enthalten synthetische Füllwatte und Styroporkugeln, was wir wegen der voraussehbaren Recyclingprobleme ablehnen müssen. Wir können einen Zugluftdackel aus hübschem Stoff selbst nähen, mit Altkleidern stopfen und Perlmuttknöpfe als Augen und einen dunkleren Knopf als Nase einsetzen.

Doch der authentische Zugluftdackel, wie ihn unsere Ur-großeltern besaßen, war und ist ein echter Dackel. Ein lebender oder, wenn er nicht mehr beseelt ist, ein ausgestopfter. Ein ausgestopfter Dackel lässt sich leichter in die gewünschte Position schieben, dorthin, wo er effektiv den Luftzug stoppt. Übrigens kann es auch ein ausgestopfter Bernhardiner sein, ein Windhund oder zwei hintereinandergelegte Katzen. Sie verhindern das Auskühlen unserer Wohnung.

Unter dem Aspekt der Energieeinsparung erlebt der traditionelle Beruf des Tierpräparators, lange zu Unrecht vergessen, gerade einen großen Aufschwung. Der Präparator häutet unseren verstorbenen Liebling und entfernt die Innereien. Das Fell schickt er zum Gerber, der es mit biologischen Mitteln haltbar macht. Die Knochen werden gesäubert. Mit ihnen und mit organischem Füllmaterial wird das Tier liebevoll nachmodelliert. Wenn alles aufgebaut und das gegerbte Fell zugenäht ist, werden die Gesichtszüge nachgebildet, samt Ohren, Lippen und Glasaugen. Fertig ist der authentische Zugluftdackel, wie ihn schon unsere weisen Ahnen kannten.

Weil wir für jede Tür ein Tier benötigen, sollten wir unsere Freunde und Nachbarn um ihre Lieblinge bitten oder, noch wohltätiger, aus dem Tierheim die nötige Anzahl Hunde, Katzen und Meerschweinchen adoptieren. Energieexperten warnen vor Zugluftwellensittichen. Für den Spalt unter einer gewöhnlichen Tür bräuchte man bis zu zehn ausgestopfte Sittiche, die dann aufgefädelt werden müssten. Zwar macht sich so eine Schnur bunter Vögel recht hübsch und wird auch von Gästen bewundert. Doch, so geben Experten zu bedenken, lassen Vögel oft Federn, die sich ausgerechnet bei Zugluft in der Wohnung verteilen und womöglich ein Eingreifen mit dem Staubsauger erfordern. Das wiederum verbrauche zu viel Energie. Halten wir also, gern auch unterwegs, nach Dackeln und ihren Verwandten Ausschau!

GESCHIRRSPÜLMASCHINE?
NUR NACHHALTIG BEPACKT!

Das Geschirrspülen von Hand verbraucht mehr Wasser und Energie als eine Geschirrspülmaschine. Möglich. Aber muss es überhaupt sein, das Spülen? Native Völker verwenden kein Besteck, sie essen mit der Hand. Sie verwenden keine Teller, sie nehmen Blätter. Das ist natürlich und schont die Umwelt, denn so muss unserer Mutter Erde kein Ton oder Kaolin für Steingut oder Porzellan brutal entrissen werden. Am besten als Teller bewährt haben sich Bananenblätter, weil sie auch halbiert noch groß genug sind und über eine glatte, feuchtigkeitsabweisende Oberfläche verfügen.

Falls wir wider Erwarten keinen Bananenbaum im Garten haben, sollten wir regelmäßig das Gewächshaus des Botanischen Gartens aufsuchen und dort ernten. Andernfalls können wir kleinere Blätter nutzen, etwa die untertassengroßen Exemplare der Linde oder – wegen der festeren Konsistenz noch besser geeignet – die Blätter der Eiche. Die Portionen müssen dann kleiner ausfallen, doch gerade das zeigt unsere Solidarität mit den hungernden Völkern dieser Erde. Solange wir Blätter als Teller benutzen und wir wie alle naturbelassenen Ethnien mit den Fingern essen, brauchen wir kein Geschirr abzuspülen. Wir schonen Strom und Wasser für die Ärmsten der Armen und füllen unseren Bioeimer mit gut kompostierbarem Blattwerk.

Falls wir uns nicht so weit vorwagen mögen, müssen wir uns entscheiden. Maschine oder Spülbürste? In dieser ausweglosen Zwangslage hilft ein ausführliches Gespräch mit dem Experten der örtlichen Beratungsstelle für ökologische Haushaltung (Anmelden und Wartezeit einkalkulieren!). Eines jedoch vorweg: Das Spülen mit der Hand sollte nur mit kaltem Wasser vorgenommen werden! Andernfalls wird Energie verbraucht und der Atmosphäre lebensgefährliche Wärme zugeführt. Zwar bleiben beim Spülen mit kaltem Wasser zuweilen hartnäckige Essensreste an Geschirr und Besteck kleben. Doch furchtlose Völker betrachten gerade das als kulinarischen Reiz. Beim Servieren bieten die kleinen Reste, Krusten und Ränder immer wieder eine aromatische und farblich willkommene Überraschung. Gegen den Einwand, beim Spülen mit der Hand werde mehr Wasser verbraucht, sollten wir in Rechnung stellen, dass gleichzeitig die Hände gewaschen werden. Auf die ressourcengefährdenden Gummihandschuhe verzichten wir selbstverständlich.

Und wenn wir nun doch eine Geschirrspülmaschine in Gang bringen? Dann sollte sie zumindest korrekt befüllt sein! Seriöse Hersteller garantieren, dass zwölf Maßgedecke mühelos in die Maschine passen. Das sind – Geschirr und Besteck zusammengerechnet – hundertzwanzig Teile. Darunter sollten wir die Maschine keinesfalls in Bewegung setzen!

Wie das geht? Ganz einfach. Den Oberkorb befüllen wir mit Tassen, Untertassen, kleinen Tellern, Gläsern, Schöpfkellen, Fleischgabeln und Kochlöffeln. Teller und Gläser platzieren wir eng aneinander, Rand an Rand. Das ist nicht nur ein Symbol solidarischer Geschlossenheit, sondern vor allem bekommen die Gläser durch das leise Klirren und Reiben während des Spülvorgangs jene bekannten Trübungen, die von Dilettanten als Glaskorrosion bezeichnet werden, die jedoch unseren Gästen zeigen: Hier wird die Maschine nachhaltig bepackt!

In den Unterkorb packen wir Töpfe, Pfannen, größere Teller und alles, was dazwischen Platz hat, auch winzigste Löffel und Tellerchen, damit wir auf hundertzwanzig Teile kommen. Im Besteckkorb sollten in jedem Fach zu gleichen Teilen Löffel, Gabeln und Messer Platz finden. Das ist demokratisch und verhindert zu enge Anlageflächen.

Nun ist es spannend, immer wieder nachzuzählen und neu zu ordnen. Häufiges Umräumen in den Tagen bis zum Einschalten ist ein Zeichen klimabewusster Veränderungsbereitschaft. Wir können einen kleinen Schätzwettbewerb in der Familie veranstalten: Sind es schon hundert Teile? Oder sogar mehr als hundertzwanzig? Nachzählen. Glückwunsch! Der mit dem Deutschen Umweltpreis gekrönte Rekord liegt bei 223 Teilen, wobei allerdings auch Legosteine und Zahnstocher Verwendung fanden.

Einmal in der Woche sollten wir die Maschine in Gang setzen. Vom zweiten Tag des Befüllens an werden wir während des Befüllens und Umpackens stets ein Küchenfenster öffnen, damit die aus der Maschine aufsteigenden Aromen schnell zu unseren Nachbarn ziehen. Was immer wieder fasziniert: Die Intensität der Ausdünstungen steigert sich, die Duftnuancen verändern sich und mischen sich in bunter Vielfalt stets aufs Neue!

Vom dritten Tag an werden wir gern auf unsere Bananen-blätter zurückgreifen, weil immer mehr Geschirr aus unseren Schränken in die Maschine gewandert ist. Besucher können wir im Sinne der Nachhaltigkeit bitten, ihr eigenes Geschirr mitzubringen, am besten im Rucksack, mit eingelegtem Alt-papier als Dämpfung, und auch wieder mitzunehmen, aber bitte nur abgeleckt, ansonsten ungespült. Die Reduktion der Spülgänge auf einen einzigen pro Woche bringt uns eine Er-sparnis von bis zu sechs Euro fünfundneunzig pro Jahr.

BACKOFEN AUS –
WENIGSTENS BEI DEN NACHBARN

Der Mensch ist das einzige Lebewesen, das seine Nahrung kocht, brät und am Spieß grillt. Die stärksten Tiere der Welt – Panzernashorn, Büffel, Elefant – essen grundsätzlich vegane Rohkost. Sie benötigen kein tierisches Eiweiß. Unser macht-vollster Verwandter im Urwald, der Gorilla, ist selbstver-ständlich Vegetarier und Rohköstler! Nur der Gorilla vor der Diskothek glaubt, er brauche gebratenes Fleisch. Wir glau-ben das nicht. Wir wissen: Vegetarische Rohkost ist gesün-der. Wir können also auf die beiden großen Energiefresser in der Küche verzichten, auf Herd und auf Backofen.

Im Web finden sich zahlreiche Seiten, die die wichtigs-ten Vorteile der Rohkost aufzählen. Sie loben die Nouvelle Cuisine Crue als karottenknackige, beerenstarke und super-freshe Kochfreiheit und garantieren Gesundheit, Vitalität und Schönheit bei vollem Genuss. Das klingt total glaubwür-dig. Wir hängen eine leicht begreifbare Zusammenfassung

dieser Lobpreisungen im Treppenhaus auf. Die für uns ent-
scheidenden Vorteile sind auf diesem ausgehängten Blatt
freilich nicht aufgelistet:

* Wenn unsere Nachbarn Rohkost verzehren, verpes-
ten sie nicht mehr mit Küchenmief das Treppenhaus.
* Viele Rohköstler berichten von spontanem Mit-
empfinden mit den Völkern armer Länder. Denn
Rohköstler erleben dieselben Symptome der Unter-
ernährung.
* Rohköstler leben gesünder bis zu ihrem durchschnittlich siebeneinhalb Jahre früheren Lebens-
ende. Weil sie gesünder und früher sterben, entlas-
ten sie die Solidargemeinschaft. Uns zum Beispiel.

Aber Moment. Was ist mit Kuchen? Brauchen wir – oder unsere Nachbarn – nicht wenigstens zum Backen einen Backofen? Nein! Auch Kuchenteig schmeckt roh viel besser. Jedes Kind weiß das. Es schleckt den Teig roh aus der Schüssel.
Sein Geschmacksempfinden ist noch unverdorben. So machen wir es ab jetzt auch.

Und Tiefkühlkost? Wir lassen sie von jetzt an bei Zimmer-
temperatur auftauen. Vitamine und Enzyme, die wohltätigen
Katalysatoren des Lebens, würden jenseits von 42 Grad
ohnehin unwiederbringlich verlorengehen. Also schlemmen
wir Bohnen oder Erbsen oder Blattspinat spätestens, wenn
sie zwanzig Grad erreicht haben. Aber gern auch früher! Besonders im Sommer macht es Spaß, Möhren wie Speiseeis

zu lutschen oder eisige Brokkoliröschen zu knuspern. Sogar Fischstäbchen schmecken gefroren viel aromatischer, was jeder Eskimo bestätigen wird. Die Inuit haben in jedem Iglu stets etliche Fischstäbchen vorrätig – selbstgeschnittene, naturbelassene Fischstäbchen ohne Industrie-Panade! Nur wenn wir Tiefkühlkost auch wirklich gekühlt essen, fällt deren Öko-Bilanz nicht mehr ganz so katastrophal aus. Oder wenigstens unsere Nachbarn sollten das tun.

MIKROWELLE LAHMLEGEN – ABER SOFORT

Unsere Freunde schätzen uns als Öko-Fachleute und Klimaretter. Außerdem schützen wir sie vor hohen Energiekosten. Falls sie immer noch einen Herd in Betrieb haben, achten wir darauf, dass die Töpfe genau mittig auf der Platte stehen. Denn wenn die Herdplatte am Rand über den Topf hinausragt, wird die Küche geheizt und damit das globale Klima erwärmt. Wir schalten – sofern die Hausfrau es versäumt – den Herd schon lange vor dem Ende des Garvorgangs ab, weil Töpfe und Pfannen ohnehin noch lange heiß bleiben, ebenso wie die Platte selbst. Und natürlich achten wir darauf, dass die Deckel der Töpfe fest geschlossen bleiben, sodass die Speisen durch die Restwärme zu Ende garen können. Am wichtigsten aber ist unser Kampf gegen die Mikrowelle, der unserem Kampf gegen die Atomkraft gleichkommt. Wer zu Hause eine Mikrowelle betreibt, braucht gegen ein atomares Endlager oder lecke Fässer gar nicht erst zu demonstrieren! Es gibt keine absolut dichten Mikrowellengeräte! Dieselben Mikrowellen, die ein Glas Wasser in dreißig Sekunden zum Sieden bringen, können jederzeit aus dem Gerät austreten. Fachleute bezeichnen Mikrowellen deshalb auch als »Schnelle Brüter«. Wenn so ein Schneller Brüter als von Beton ummanteltes Gebäude am Niederrhein steht, wird er aus Sicherheitsgründen abgeschaltet. Sollen wir ihn in der Küche ungeschützt weiter sieden lassen? Stecker ziehen ist das Mindeste. Leitung endgültig kappen ist besser. Die Ablieferung im Sondermülldepot ist am besten.

WER BRAUCHT NOCH EINEN KÜHLSCHRANK?

Die Chagga, die am Fuß des Kilimandscharo leben, wissen, wie es geht. Ihre Träger holen Eis von den Gletschern der Gipfelregion, lagern es blattumwickelt in Erdkellern und kühlen damit ihre Bananen, ihr Rindfleisch und ihr aus Bananen gebrautes Bier. Ganz ähnlich die traditionsstolzen Japaner der Präfekturen Yamanashi und Shizuoka. Sie holen das Natureis für ihre Lagerkeller von den Gletschern des Fuji. Und als die Napolitaner noch im Einklang mit der Natur lebten, ließen sie das Eis in Blöcken vom Vesuv kommen, dessen Nordhang im Winterhalbjahr schneebedeckt ist; bei geschickter Einkellerung hielt das Eis über den Sommer.

Bis in die fünfziger Jahre waren auch in Deutschland echte Eisschränke üblich. Sie wurden mit Stangeneis und Blöcken bestückt. In einem mit Zinkblech ausgeschlagenen Fach hielt sich das Eis über Wochen. Tropfenweise sammelte sich das Schmelzwasser in einem Behälter. Es diente nicht nur zum Blumengießen, sondern wegen seines hohen Mineralstoffgehalts auch als gesundes Frühstücksgetränk.

Wird es nicht allmählich Zeit, zurückzukehren zu diesem ressourcenschonenden, FCKW-freien Naturverfahren? Die jetzt üblichen Kühlschränke sorgen weltweit für das Abschmelzen der Gletscher und bringen allmählich die Chagga ebenso um ihr Natureis wie die Anwohner des Fuji und des Vesuv und am Ende sogar die Inuit. Schon aus Solidarität sollten wir zu den alten Eisschränken zurückkehren. Aussortierte Modelle sind bei Trödlern und bei eBay für wenig Geld zu bekommen.

Oder wir können wenigstens im Souterrain einen Eiskeller graben. Nachhaltig denkende Vermieter haben dafür ganz sicher Verständnis, sollten aber vorsichtshalber nicht informiert werden. In Folie verpackte Roheisblöcke werden neuerdings wieder von ökologischen Getränkemärkten geliefert und können den Eiskeller zu einem echten Erlebnis machen. Den Mietern über unserem Keller bescheren wir kostenfrei ein fußkühlendes Parkett! Zwar gleicht unsere Stromersparnis den Preis für das Natureis (meist 12 Euro pro 12-Kilo-Block, der eine Woche hält) nicht hundertprozentig aus, doch unser gutes Gewissen ist uns den Mehraufwand wert.

Falls nicht, sollten wir wenigstens unseren Kühlschrank dämmen! Auch bei den Geräten nach den neuesten Normen entweicht immer noch viel zu viel Energie. Wichtig ist hierbei bekanntlich die Aufstellung. Die Rückseite des Kühlschranks, an der via Kühlrippen der Wärmeaustausch stattfindet, sollte mindestens zwanzig Zentimeter von der Wand entfernt stehen. Andernfalls entsteht ein unbemerkter Hitzestau. Besser noch, der Kühlschrank steht dreißig bis fünfzig Zentimeter von der Wand entfernt oder am besten gleich mitten im Raum. Dort stört er nicht, wenn wir ihn mit Hanf, Wolle und Korken verkleiden und mit selbstgemachter Schmuckfolie bekleben. Im Gegenteil, er bietet dann einen auffälligen Blickfang für Gäste, die unsere Küche bewundern und denen wir gern die klimaschützende Position unseres guten Stücks erläutern.

Und so dämmen wir ihn: Front, Seitenwände, Boden und Oberseite bekleben wir mit Hanfmatten in einer Stärke von zwei bis vier Zentimetern. Nicht nur außen. Auch die Innenwände sollten auf diese Weise energiesparend verkleidet werden! Nicht benutzte Fächer im Kühlschrank können mit ausgemusterten Wollpullovern so ausgefüllt werden, dass diese Flächen und Räume nicht mehr mitgekühlt werden müssen.

Die Hanf- oder Kokosplatten fixieren wir mit Alleskleber aus dem Biobaumarkt. Besteht der Kleber zu hundert Prozent aus natürlichen Bestandteilen, etwa aus Kautschuk, Stärke und Zellulose, muss er lediglich einmal im Monat erneuert werden. Die Dichtung prüfen wir, indem wir eine eingeschaltete Taschenlampe in den Kühlschrank legen und dann die Tür schließen. Dringt nun noch Licht nach außen? Dann sollten wir die Dichtung fest verkleben, bis wir das Licht der Taschenlampe nicht mehr sehen. Zwar liegt sie nun drinnen, aber da wir ohnehin keinen Batteriestrom verschwenden wollen, haben wir eine Kurbeltaschenlampe angeschafft. Ihr Licht leuchtet nach halbstündigem Kurbeln etwa zweieinhalb Minuten, also kein Grund zur Beunruhigung.

Als Letztes bekleben wir die Tür des Kühlschranks außen mit Schilfrohr. Dazu müssen wir freilich den Griff abmontieren. Wir werden ihn nicht mehr benötigen. Jetzt nur noch alles mit ansprechender Biodekorfolie aus dem Biobaumarkt bekleben – und zwar mit der Sorte, die Sonnenuntergänge im tropischen Regenwald zeigt. Noch besser: selbst bemalen. Und fertig!

Durch die glatte Oberfläche der Biofolie ist der gedämmte Kühlschrank nun leicht abwaschbar. Da wir die Tür nicht mehr öffnen können und auch nicht wollen – denn bei jedem Öffnen würde wertvolle Energie entweichen –, ziehen wir zuletzt den Stecker und verbergen das hässliche Kabel unter dem Boden des Kühlschranks. Nun ist er zum klimaneutralen Schmuckstück unserer Küche geworden! Gästen, die sich darüber wundern, erläutern wir gern die globalen Zusammenhänge und führen sie dann in unsere naturfreundliche Alternative: unseren Eiskeller! Falls sie sich darüber mokieren, schließen wir sie zum Test darin ein. Nach wenigen Stunden werden sie wissen, wie nachhaltig er kühlt!

BATTERIEN VOR DER BENUTZUNG ENTSORGEN

Gespeicherter Strom zum Mitnehmen scheint praktisch, ist aber gefährlich. Batterien und Akkus enthalten mittlerweile fast so viele giftige Schwermetalle wie eine schwache Energiesparbirne. Zu Cadmium, Blei und Quecksilber kommen in den Batterien noch Kalilauge und Schwefelsäure. Die Giftzentrale der Bundespolizei zählte im vergangenen Jahr dreihundertelf Versuche, Batterien und Akkus in der mitmenschlichen Konfliktaustragung einzusetzen. Die aufgesägten, pulverisierten und in Flüssigkeiten gelösten Batterie-stoffe, oft sorgsam in Getränke und Puddings gerührt, führ-ten nach Auskunft eines Sprechers jedoch »nur in knapp einem Drittel aller Fälle zu nachhaltigem Erfolg«. Hier sind also Steigerungen möglich. Dagegen sollte die Verwendung von Batterien und Akkus zu Energiezwecken vermindert oder ganz vermieden werden.

* Wir entfernen alle Batterien und Akkus aus singen-den Grußkarten und blinkenden Sportschuhen. Dazu begeben wir uns in die entsprechenden Ge-schenkboutiquen und Schuhläden und gehen mutig zu Werke. Allerdings vermeiden wir es, Inhaber oder Verkäufer in einen Gewissenskonflikt zu brin-gen. Das Personal soll nicht mit den Konsequenzen unseres Handelns belastet werden. Wir gehen also diskret vor. Die geborgenen Batterien und Akkus bringen wir anschließend in den Sammelbehälter im Drogeriemarkt gegenüber.

* Viele Handys, Navis und USB-Geräte lassen sich ebenso gut durch ein kurbelgetriebenes Ladegerät mit neuer Energie versorgen. Das ist sinnvoll nicht nur für den Notfall oder wenn keine Stromquelle in Reichweite ist – es stärkt durch das beständige Kur-beln auch die langfaserige Muskulatur. Zwar muss während längerer Telefonate unablässig gekurbelt werden, doch das unüberhörbare Rasseln und Sur-ren hat einen positiven Nebeneffekt. Es gibt redseli-

gen Partnern und Eltern am anderen Ende das Signal: Nun reicht es allmählich! Wichtig: Während des Kurbelns regelmäßig die Hände wechseln, damit die Muskulatur an beiden Armen gleichmäßig ausgebildet wird.

DIE DUNKELHEIT GENIESSEN

Immer häufiger heißt es: Licht aus! Nicht nur zum Schlafen. Auch nicht nur für eine Stunde namens *Earth Hour* an einem Abend im März. Sondern immer und überall, wo Licht überflüssig ist. Zum Beispiel in unserem Gästezimmer. Dort benötigen wir keine Lampe. Falls wir Gäste haben – mit der Steigerung unseres Umweltbewusstseins werden es immer weniger –, haben sie sicher ein Handy dabei. Das kann als Taschenlampe und Leselicht dienen.

Aber lesen? Sich im Zimmer umsehen? Muss das überhaupt sein? Nein! Im Gegenteil: Dunkelheit tut gut. Dunkelheit sensibilisiert. Dunkelheit schärft unsere Sinne. Bei Dunkelheit können wir feiner hören, feiner riechen, feiner schmecken, feiner tasten. Schwule wissen dies aus dem Dark Room, Sinnsucher aus der Dunkeltherapie. Phasen der Dunkelheit gehörten seit jeher zu den archaischen Riten der Selbstfindung. Das Ausbleiben äußerer Reize fördert die Einkehr. Im Dunkeln steigen innere Bilder auf. Die Seele wird heller. Feinfühlige Menschen wie unsere Gäste entdecken in der Dunkelheit ihre Fähigkeit zum Hellsehen und

Hellfühlen. Die Reizarmut stärkt das innere Licht. Dunkelheit bedeutet Rückkehr zum ursprünglichen Selbst.

So erzählen wir es jedenfalls unseren Gästen. Sie brauchen weder hellsichtig zu werden noch zu ihrem inneren Selbst zu finden. Wir wären ihnen sogar dankbar, wenn sie das bleiben ließen. Uns reicht es, wenn sie Strom sparen und die Energiereserven unseres über alles geliebten Planeten schonen.

Und wir können auf Vorbilder verweisen: auf nachhaltig denkende Spitzenkräfte. Umweltbewusste Politiker geben sich nicht mehr damit zufrieden, die immer gleichen Öko-Phrasen zu dreschen und ferne Konzerne oder Klimakonferenzen zur Verantwortung zu mahnen. Sie schreiten selbst zur Tat. Die schlimmsten Energieräuber im Fernsehen bekommen das jetzt zu spüren, die sogenannten Nachrichtenstudios. Sie werden runtergefahren wie leckende Reaktoren.

Beispiel: Für das »heute-Studio« wurden 670 Tonnen Betonstahl verbaut. Das war natürlich enorm wichtig für die Qualität der Nachrichtenübermittlung. Doch noch wichtiger sind die unglaublichen 300 Scheinwerfer, die Studio, Moderatoren und Gäste in gleißendes Licht tauchen. Keiner dieser Scheinwerfer wird mit Energiesparbirnen betrieben. Also wird nicht nur Licht produziert, sondern auch Wärme, sommerliche Wärme sogar, bis zur Wüstenhitze. Damit keiner der Anwesenden bei laufenden Kameras verschmort, muss ständig Kühlung per Klimaanlage zugeführt werden. Eine Minute Nachrichtensendung verbraucht auf diese Weise so viel Energie wie ein Mietshaus mit zehn Parteien in einer Woche. Die Mieter übernehmen zum Glück Verantwortung für den Energieverbrauch des Studios: Sie finanzieren ihn durch faire Gebühren.

Doch nun setzen ökologische Politiker ein Zeichen. Licht aus! Zuerst war es ein Spitzenfunktionär der Grünen, dessen Name hier zwecks Energieersparnis ausgeblendet wird. Er setzte durch: Wenn ich ein Interview gebe, dann soll kein Atomkraftwerk dafür brummen. Also bitte Scheinwerfer aus, Klimaanlage aus! Der couragierte Mann setzte sich durch. Das Interview fand im Dunkeln stand. Er musste nicht mal geschminkt werden. Das hat inzwischen Schule gemacht. Immer mehr ökologisch bewusste Stars möchten im Dunkeln befragt werden. Das sogenannte Null-Energie-Interview ist zum Trend geworden. Seit dabei in nachhaltiger Konsequenz die Mikrofone ebenfalls abgeschaltet werden, sind auch die Bürger glücklich.

Unsere Gäste wissen das. Und falls nicht, erzählen wir es ihnen. Gute Nacht!

KLIMAFREUNDLICHE DICHTUNG I

Theodor Fontane
Der Satz, der Tore sprengt

Da ist ein Satz, der Tore sprengt,
der sich durch alle Nebel drängt,
der alle Mauern niederrennt
und weder Schild noch Schranke kennt.
Da ist ein Satz, der trotzt und siegt
und jede Lanze niederbiegt,
ein Satz, der Berg auf Berge türmt,
bis er zuletzt den Himmel stürmt,
und dieser Satz, so stark und still,
der heißt: Jawohl, ich trenn den Müll!

Mitmenschen
überzeugen

SO SENSIBILISIEREN WIR UNSERE FREUNDE

Wenn wir eingeladen sind, stellen wir oft bedauernd fest: Unsere Freunde sind nicht ganz so engagiert für die Umwelt wie wir selbst. Oft unterschätzen sie ihre eigenen Möglichkeiten. Doch auch sie können Energie sparen und das Klima schützen. Wir machen sie darauf aufmerksam – jedoch nicht direkt, denn das wird oft als unwillkommene Belehrung empfunden. Lieber indirekt. Das macht auch mehr Spaß.

Wir stellen eine Sammelbüchse auf

Wir selbst kennen unsere Freunde am besten. Wir wissen also, ob es willkommen ist, dass wir in ihrer Wohnung etwas Umweltfreundliches zum Kauf anbieten. Meist freuen sie sich. Besonders gut eignet sich bei einer größeren Einladung, bei einer Hochzeit, einem Jubiläum, einem Stehempfang, das Feilbieten von Umweltmagazinen. Wir bringen einen Packen Zeitschriften mit, gehen von Grüppchen zu Grüppchen und verkaufen den Gästen das *Greenpeace-Magazin*, die *Animal Times* der Tierrechtler oder das *Amnesty Journal*, am besten alte Ausgaben, die wir noch weniger benötigen als die neuen. Selbst bei Gästen, die uns nichts abkaufen, wird auf diese Art das Gewissen geschärft. Die Einnahmen führen wir einem guten Zweck zu. Das können wir auch ganz direkt tun, indem wir eine Sammelbüchse mitbringen. Falls wir nicht den Mut aufbringen, mit einer Sammelbüchse herumzugehen, stellen wir sie einfach an einer zentralen, gut sichtbaren Stelle auf, etwa am kalten Buffet. Wir haben sie vorher ansprechend beschriftet: »Für die Opfer des Klimawandels« oder »Saubere Umwelt für unsere Kinder!« oder »Gegen das Robbenschlachten«. Die Spenden führen wir demselben guten Zweck zu wie die Einnahmen aus dem Magazinverkauf, am besten unserer eigenen wohltätigen Existenz.

Wir bringen keine Blumen mit

Wer eingeladen wird, sollte eine kleine Gabe mitbringen. Leider überreichen die Gäste allzu häufig Geschenke, die gegen Umwelt- und Sozialstandards verstoßen. Zum Beispiel Schnittblumen. Meist tun sie das aus Unwissenheit und freuen sich umso mehr, wenn wir sie aufklären. Die marktbeherrschenden Lieferanten von Schnittblumen, Israel, Kolumbien, afrikanische Länder und Holland, setzen ungehemmt Pestizide ein und senken den Grundwasserspiegel zugunsten der Blumenindustrie. »Augen auf beim Blumenkauf!«, ermahnen wir die Überreicher von Sträußen. Und: »Blumenarbeiter in Schwellenländern sind wegen des Gifteinsatzes häufig schon mit dreißig invalide!« Dem bunten Strauß ist damit schon viel von seiner trügerischen Pracht genommen. Falls er in Kunststofffolie überreicht wird, überwachen wir die Hausfrau bei der korrekten Mülltrennung. Und Achtung: Alle Blumensträuße, die kein Fairtrade-Siegel tragen, dürfen nach dem Welken nicht in die Biotonne, sondern müssen als Giftmüll entsorgt werden! Unsere gesunde Alternative: Wir bringen sogenanntes »Unkraut« mit. Giersch, Schachtelhalm oder schlichte Gräser zwischen Gehwegplatten werden allzu häufig diskriminiert. In Wahrheit handelt es sich um Wildpflanzen. Wir pflücken also ein paar davon und überreichen sie als klimaneutrales Sträußchen.

Das wird gern gesehen und bringt alle zum gründlichen Überdenken ihrer Haltung.

Wir drehen Glühbirnen heraus

Bedauerlicherweise benutzen einige unserer Freunde noch herkömmliche Glühbirnen, die den Großteil der elektrischen Energie in Wärme umsetzen – die also zwar die Wohnung beleuchten, aber zugleich das Abschmelzen des dringend benötigten arktischen Eises verursachen. Diese Glühbirnen drehen wir also aus der Fassung. Das geht am leichtesten, wenn die Lampe gerade nicht eingeschaltet ist. Wir begeben uns zunächst in die von der Party unbehelligten Räume: in das Schlafzimmer der Gastgeber, in das Arbeitszimmer, in das Kinderzimmer, in dem die nächste Generation unsere Tätigkeit freudig begrüßt. Wir drehen die alten Glühbirnen heraus und deponieren sie in einem Jutesack, den wir vor der Eingangstür abgestellt haben. In eine der Fassungen schrauben wir eine Energiesparbirne – das ist unser Geschenk. Die anderen bleiben leer. Unsere Freunde sollen zum Denken angeregt werden und überdies die Chance bekommen, selbst aktiv zu werden.

Wir schalten Stand-by-Fallen ab

Radiogeräte, Fernseher und Computer bleiben nach dem Ausschalten allzu oft im Stand-by-Modus. Der ist manchmal an winzigen Lämpchen zu erkennen, manchmal auch gar nicht. Wenn der Netztrafo einer Stehlampe warm ist, obgleich die Lampe keineswegs leuchtet, dann bedeutet das für uns: Alarm! Stand-by-Modus! Ursprünglich sollte diese Bereitschaftsstellung das Einschalten durch eine Fernbedienung oder durch einen einfachen Knopfdruck erleichtern. Doch sie verbraucht sträflich Energie und produziert schädliche Wärme. Mehr noch: Unsere Freunde könnten rund elf Euro zweiundsiebzig im Jahr sparen, wenn sie auf die Stand-by-Schaltungen verzichten würden! Wir schreiten also fürsorglich zur Tat: Wir schalten die Warmwasserspeicher in Bad und Küche aus, die das Wasser überflüssigerweise auch dann warm halten, wenn es gar nicht gebraucht wird. Wir ziehen im Arbeitszimmer die Stecker bei Drucker, Scanner und Kopierer. Und im Wohnzimmer tun wir dasselbe bei Fernseher oder Stereoanlage, es sei denn, die ist gerade in Betrieb. In dem Fall sollten wir wenigstens die Batterien aus den Fernbedienungen entfernen.

Wir bringen Hinweise an
Unsere Freunde werden durch unsere liebevolle Tätigkeit für Umweltfragen sensibilisiert. Zur Erweiterung ihres Bewusstseins können wir überdies beitragen, indem wir allenthalben kleine Aufkleber anbringen. Der Text könnte etwa lauten: »In diese Lampe gehört eine Energiesparbirne!« oder »Vorsicht, Stand-by-Stromfresser!« oder »Batterien schaden unserer Vogelwelt!«. Wir können diese Aufkleber einfach zu Hause herstellen, indem wir die Merksätze auf Klebefolie drucken. Aber Achtung: Der Kleber sollte nicht synthetisch hergestellt worden sein, sondern aus biologischem Leim bestehen, der aus Tierknochen hergestellt wurde, vorzugsweise nur von solchen Tieren, die eines natürlichen Todes gestorben sind, etwa auf einem Gnadenhof, wo sie bis zuletzt biodynamisch ernährt wurden. Einfach den Verkäufer des Klebers fragen! Er gibt gern detailliert Auskunft.

Wir beseitigen Stromfresser

Aus Unwissenheit betreiben viele Menschen immer noch gefährliche Stromfresser. Auch unsere Freunde. Wenn sie gerade nicht im Raum sind, überprüfen wir rasch ihre Küche. Stabmixer und Kaffeemaschine müssen nicht sein! Im Badezimmer fallen uns Föhn, Ultraschallzahnbürste und elektrischer Rasierapparat auf. Im Schlafzimmer finden wir, sobald wir die Wäscheschublade etwas durchwühlen, einen Vibrator. All diese Geräte gehören nicht in eine klimaschonende Wohnung! Kämpferische Umweltfreunde entfernen solche bedrohlichen Energiesauger und liefern sie am folgenden Tag bei der Sammelstelle für gefährliche Güter ab. Wir wollen am Anfang vielleicht nicht so hart durchgreifen. Stattdessen bringen wir in unbewachten Momenten unseren Aufkleber »Ich bin ein Stromfresser« auf den Geräten an. So werden unsere Freunde im überraschenden Moment zum Nachdenken angeregt, etwa der Ehemann, wenn er zum Rasierapparat greift, oder seine Frau, wenn sie die Schublade aufzieht.

Wir entfernen gefährliche Knopfbatterien

Wir treffen sie auf runden Geburtstagen, sie sitzen auf Familienfesten herum, sie wollen mitfeiern: all die betagten Menschen, die nicht wissen, dass sie Zeitbomben mit sich herumtragen, in Form von Knopfbatterien in ihren Hörgeräten. Zwar explodieren diese Batterien nicht – oder nur, wenn das Resthaar überm Hörgerät zu lange geföhnt wird. Doch diese Batterien vergiften das Grundwasser, wenn das Hörgerät in die gefüllte Badewanne plumpst oder ins Waschbecken oder ins Fußbad fällt. Bei mehr als vier Fünftel aller Hörgeräteträger passiert das mindestens zweimal im Halbjahr. Dann schädigen die Batterien das Grundwasser. Und das tun sie ebenso, wenn sie in die Teetasse getunkt werden. Das ist bekanntlich eine typische Verwechslungshandlung verwirrter Senioren: Sie stecken sich die Tablette ins Ohr und versuchen, das Hörgerät im Tee aufzulösen. Anschließend wird der Tee weggegossen, in den Abfluss, von wo die giftigen Schwermetalle aus der Batterie in den Wasserkreislauf gelangen. Die Lösung ist zum Glück einfach, und wir können selbst dazu beitragen: Alte Menschen sollten keine Knopfbatterien tragen. Wir bitten nicht nur unsere betagten Verwandten und Freunde, sondern auch Zufallsbekanntschaften in Bus oder Bahn, uns ihr Hörgerät zu zeigen, sofern sie damit unzufrieden sind. Das sind sie immer. Um ihnen und dem Planeten zu helfen, entfernen wir die Batterien, die wir später der Sammelstelle zuführen. Die Alten bekommen das Hörgerät zurück, das nun auch angenehm leicht geworden ist und endlich keine Störgeräusche mehr produziert. Dass sie uns nicht mehr gut hören, schadet nicht. Sie verstehen unsere Umweltbegeisterung ohnehin nicht. Falls doch: Eine natürliche und grundwasserfreundliche Alternative zum elektronischen Gerät ist das traditionelle Hörrohr, das von immer mehr global fühlenden Menschen wiederentdeckt wird. Wir verschenken es gern zum Geburtstag und zu Weihnachten. Sehr hübsch sind echte Muschelschalen – »einfach ans Ohr halten, Oma!«. Willkommen sind auch immer selbstgebastelte Rohre. Dazu nehmen wir die leere Papphülse einer Rolle Haushaltspapier, bekleben oder bemalen sie kreativ und überreichen sie festlich. »Genauso ein Hörrohr hat Beethoven benutzt!« Die Umwelt dankt es uns. Ganz nebenbei wird die Fitness unserer Oma gestärkt: Wenn sie von nun an das Rohr emsig ans Ohr hält, wird die Oberarmmuskulatur gekräftigt. Alle sind glücklich, und es ist so einfach!

ANREGUNGEN FÜR DAS GESPRÄCH UNTER FREUNDEN

Manchmal entstehen bei geselligen Einladungen unangenehme Pausen im Gespräch. Mit spannenden Öko-Fragen lassen sie sich rasch überbrücken. Uninspirierter Small Talk ist mit unseren schlauen Fragen nicht mehr möglich. Vielmehr wird das Gespräch nachhaltig vertieft. Beispiele:

* In sogenannten Niedrigenergie- oder Passivhäusern ist die Luft häufig stickig, Schnittblumen machen schlapp, Lebensmittel verderben schnell. Das liegt an der Isolation. Es ist auch schon vorgekommen, dass Menschen in ihren abgedichteten Schlafzimmern nicht mehr aufwachten. Wem von deinen Feinden würdest du so ein Passivhaus gönnen? Nenne nicht mehr als drei Namen.

* Zu den Zutaten der Traditionellen Chinesischen Medizin (TCM) gehören pulverisierte Schildkrötenpanzer, zermahlene Seepferdchen, die Galle von Bären, zerkleinertes Nashorn sowie getrocknete Körperteile von Tigern wie Augäpfel, Hirn und Hoden. Was davon würdest du einnehmen, damit du fit bist in deinem Kampf für den Artenschutz?

* Durch das Aufritzen ihrer Haut schmücken sich die Turkana im Norden Kenias mit wulstigen Vernarbungen. Mit der Anzahl der Narben zeigt ein Mann, wie viele Feinde er getötet hat. Wäre diese urwüchsige Tradition nicht auch etwas für uns? Etwa als Alternative für die Flensburger Verkehrssünderkartei?

* Wenn du als kämpferischer Tierrechtler bei Nacht Tiere aus dem Zoo befreien müsstest, welche würdest du als Erste freilassen: Schimpansen, Giraffen oder Gazellen? Oder erst mal nur Papageien? Und Tiger und Löwen womöglich erst ganz am Ende? Oder lieber gar nicht?

ÖKOLOGISCHE GESPRÄCHE IM WOCHENENDHAUS

Mehr als vier Fünftel der Kämpfer für reine Umwelt und gutes Klima leben in der Stadt. Überraschend viele von ihnen haben jedoch ein ländliches Wochenendhaus. Sie genießen beides, urbanen Wirbel und eine ruhige Natur, in der sie nicht arbeiten müssen. Wenn wir solche Freunde besuchen oder sie uns, kommt das Gespräch wie von selbst auf eine ökologische Ebene. Hier sind anregende Fragen, falls die Unterhaltung doch einmal schleppend wird:

* Immer mehr Flächen auf dem Land werden mit Mais und Raps für Biotreibstoffe bebaut. Zwar hat das zu einem erstaunlichen Verlust der Artenvielfalt geführt. Aber sind die neu entstandenen Gärbottiche, Faulgastürme und Windräder nicht ein ausreichender Ersatz dafür? Und bringen die mit Biomasse über die Landstraßen rollenden LKWs nicht genügend Bewegung ins Landschaftsbild?

* Der Anstrich moderner Fassadendämmungen enthält Pilz- und Algenvernichtungsmittel. Weil der Regen diese Mittel mit der Zeit abspült, gelangen Anti-Schimmel-Chemikalien ins Grundwasser. Findest du es beruhigend, dass Flüsse und Bäche nun endlich von Schimmel befreit werden? Oder wäre das vielleicht gar nicht nötig gewesen?

* Für zwölf Milliarden Euro sind Umweltzonen eingerichtet worden. Die Feinstaubbelastung haben sie bislang nicht reduziert. Das liegt am Wind, der pulverfeinen Sand aus der Sahara herbeiträgt, verdunstetes Meersalz aus Nord- und Ostsee und den Ruß umweltfreundlicher Holzpelletheizungen. Wie könnte man den Wind daran hindern, diesen Feinstaub in die Umweltzonen zu wehen? Durch Windräder an den Grenzen?

* Ein Liter Biosprit liefert weniger Energie, als bei seiner Herstellung verbraucht wird. Hältst du das für bedenklich? Oder für ein positives Zeichen des neuen Denkens?

JEDEN TAG EINE GUTE TAT

Jeder von uns kann jeden Tag zur Verbesserung der Welt beitragen. Wir müssen nur die Trägheit des Herzens überwinden
und Schritte in die richtige Richtung tun. Hier sind ein paar
Vorschläge für gute Taten, je sieben für die Bereiche des All-
tags. Sie sind einfach durchzuführen, verhindern den Temperaturanstieg, die Verschmutzung der Weltmeere, die Abholzung der Regenwälder, das Artensterben, die gefährlichen
Protuberanzen der Sonne und den Einschlag von Asteroiden.

Zu Hause

* Nachtaktive Insekten ins Zimmer einladen, wenn
  sie durch unsere hellen Städte (Lichtverschmut-
  zung) verunsichert sind.
* Auf Daunenkissen verzichten, damit die Gänse
  nicht frieren.
* Möbel selbst zimmern, und zwar aus dem regionalen
  Holz heimischer Wälder.
* Nur noch einen einzigen Raum beheizen, um Energie zu sparen und die Familienzusammenführung zu
  befördern.
* Wäsche mit einem kleinen, handgekurbelten Venti-
  lator trocknen.
* Scheiben ungeputzt lassen, damit die Vögel merken,
  dass sie nicht hindurchfliegen können.
* Als wertvolle Persönlichkeit sensibel und verletzbar
  bleiben.

Draußen

* Andere Mieter durch das Aufstellen von Infoplakaten zum Nachdenken anregen.

* Bei der alten Frau über uns klingeln und ihren Fernseher für immer ausstellen.

* Durch das Verteilen von Anbieterbroschüren Nachbarn den Wechsel zum Öko-Stromanbieter erleichtern.

* Eine Regensammelanlage bauen, zum ressourcenschonenden Baden und Duschen.

* Einen Komposthaufen im Garten des Nachbarn anlegen, der bietet Platz für unsere Essensreste und stärkt die Solidargemeinschaft.

* Eine Solarzelle aufs Dach schrauben, alternativ: ein Windrad in den Garten stellen.

* Unsere Nachbarn beim Car-Sharing anmelden, damit sich unsere Parksituation verbessert.

Mit Verwandten und Freunden

* Die wichtigsten 300 E-Nummern zur Kennzeichnung von Lebensmittelzusatzstoffen abfragen.

* Einen Tauschring gründen.

* Unsere Eltern auffordern, ihr Geld zur Öko-Bank zu tragen, wir verwalten das Konto.

* Lustiges Biosiegel-Raten als abendlichen Fernsehersatz einführen.

* Freundschaften zu besonders uneinsichtigen Bekannten einschlafen lassen.

* Nur noch fair gehandelte Schokolade aus naturge-
  schimmelten Kakaobohnen verschenken (aber nicht
  selber essen!).
* Die Großmutter nicht dem Begräbnisinstitut überlassen, sondern als Naturdünger verwenden.

Unterwegs

* Im Eine-Welt-Laden einkaufen.
* Im türkischen Gemüseladen den Dialog der Kultu-
  ren fördern.
* Verkäufer von Teak-Möbeln über ihr schädliches
  Verhalten informieren.
* Eine spontane Mülldeponie gründen, etwa im Stadt-
  park, wo der Müll auf das allgemeine Entsorgungs-
  problem aufmerksam macht und zur Schärfung des
  Bewusstseins beiträgt.
* Bei Landspaziergängen Rinder am Furzen hindern
  (wegen des Methans!), einfach die Flanken zusam-
  menpressen.
* Bei Bergwanderungen Abfall einsammeln und ins
  Tal tragen, oder umgekehrt.
* An heißen Tagen den aufgeweichten Asphalt ab-
  kratzen, um den Bäumen und Pflanzen das Durchatmen zu erleichtern. Asphaltklumpen als Tempo-
  schwellen auf die Straße kleben.

Mit dem Auto

* Beim Autokauf energieschonende Fensterkurbeln verlangen.

* Unwirtschaftliche Kurzstrecken vermeiden, lieber etwas länger fahren.

* Die Garageneinfahrt nicht pflastern, sondern be- grünen.

* Im Leerlauf auf grüne Ampeln zurollen, sodass das Auto von selbst zum Stehen kommt, sobald sie auf Rot springt.

* An der Ampel die anderen Autofahrer zum Umstei- gen auf Bus und Bahn ermutigen.

* Eine Fahrgemeinschaft gründen und soziale Kon- flikte im Inneren austragen.

* Bei Unfällen Betroffenheit ob des neugeschaffenen Schrotts zum Ausdruck bringen.

Immer und überall

* Bedenken äußern.

* Handlungsbedarf anmelden.

* Eine mahnende Stimme erheben.

* Skrupellose Geschäftspraktiken anprangern.

* Das Bewusstsein der Verantwortung wecken.

* Ein delphinfreundliches Verhalten an den Tag legen.

* Menschen, die eine Plastiktüte tragen, ansprechen und gründlich über ihr Fehlverhalten informieren.

KLIMAFREUNDLICHE DICHTUNG II

Hermann Löns

Sei stolz, dass du das Klima schützt

Sei stolz, dass du dem Klima nützt
Und dass dein Schaffen Früchte trägt,
Und warne jeden, der nichts schützt,
Dass die Natur zurück bald schlägt!

Des Sommers Glut, des Winters Schnee
Tun uns, den Rettern, niemals weh.
Doch solchen, die sich falsch ernähren,
Die gegen Kernkraft sich nicht wehren,

Die nichts tun gegen Großkonzerne,
Die Fleisch verzehren statt Kürbiskerne,
Die Autos fahren groß und schwer,
Und Strom verbrauchen täglich mehr,

Die ungern mit dem Fahrrad fahren,
Beim Waschen nicht mit Wasser sparen,
Die über uns Veganer lachen,
Und Witze übers Klima machen –

An denen rächt sich die Natur
Und schickt sie ins Verderben nur!
Ja, denen soll die Erde beben,
Auf dass sie flehen um ihr Leben!

Geht ihr nur in Tsunamis baden,
Erstickt in euren Abgasschwaden,
Verendet in Vulkanausbrüchen
Mit euren fleischgefressenen Sprüchen!

Wir aber, die dem Klima nützen
Und die wir Meer und Wälder schützen,
Die der Natur nur Gutes tun,
Dürfen mit ihr im Einklang ruhn!

Uns liebt sie, während sie euch vernichtet.
Wir werden gerettet, ihr gerichtet!

Bewusst
leben

GESUNDE LEBENSMITTEL –
ZUM BEISPIEL AUS DER BIOTONNE

Ohne Protein wird die Menschheit nicht überleben können. Doch das Protein muss nicht aus Rindfleisch kommen, nicht einmal von Schweinen oder Hühnern. Naturbelassene Völker wissen, was guttut und schmeckt. Zielbewusst verzehren sie, was wir nur gelegentlich in Chipstüten oder Getreidepackungen finden: Käfer und Maden. Wer durch Ostasien gereist ist, hat schon Riesenwasserwanzen und Ameisensalat gegessen, wenn auch vielleicht nicht bewusst. Und es ist hinlänglich bekannt, dass Heuschrecken zu den Küchenklassikern des Orients gehören und in Südamerika, Afrika und Asien immer beliebter werden.

In all diesen Ländern werden Insekten zum Verzehr mittlerweile aufwendig gezüchtet, meist auf speziellen Farmen. Das ist bei uns nicht nötig. Dank der nachhaltigen Planung unserer Entsorgungsunternehmen gibt es die Biotonne. Und seit es die Biotonne gibt, können nahrhafte Maden mehrmals täglich vom Rand oder von der Wand der Tonne abgesammelt werden. Kurz abgespült und in Bioolivenöl gegart, werden sie bald zu den populärsten Leckerbissen der neuen leichten Küche gehören.

Das Problem: Mit steigender Beliebtheit kann es – wie jüngst in Bad Urach – zu Streit unter Nachbarn um die appetitlichen weißen Tierchen kommen. Der Verein für klimaneutrale Ernährung schlägt deshalb vor, in Mehrfamilienhäusern einen Ernteplan für die Biotonne auszuhängen.

Wichtig: Fliegen gehören dazu. Maden entwickeln sich aus deren Eiern. Fliegen brauchen zur Eiablage Reste von Fisch, Fleisch, Wurst. Um eine reiche Madenzucht zu gewährleisten, ist es deshalb gut, die braune Biotonne nicht hermetisch zu verschließen. Und ein warmer Platz fördert eine reichere Ernte als ein kühler. Im Sommer werden die Erträge höher sein als im Winter, zumal sich der braune Kunststoff vor allem in den warmen Monaten zur Maden-Wohlfühltemperatur aufheizt.

Ein unleugbarer Vorteil in jeder Biotonne ist der sich reichlich ablagernde *Aspergillus fumigatus*, oft verallgemeinernd als Schimmel verunglimpft. Zwar sollten Schwangere und Kinder die Luft aus der Tonne oder aus dem Eimer in der Küche niemals einatmen. Eine Million Pilzsporen pro Kubikmeter Luft aus so einem Eimer können auch Alten und abwehrschwachen Menschen den Garaus machen. Doch im Sinne eines ökologisch gesundenden Planeten ist diese Auslese nur positiv! Was uns aber zunächst interessiert: Dem Aroma der Maden tut der Reichtum an *Aspergillus* richtig gut! Sie schmecken nun nach Pilz, ohne dass unnatürliche Zuchtchampignons zugegeben werden müssen.

Auf zum Kochen. Wer nicht auf seinen Erntetag im Mietshaus warten will, stellt am besten einen kleinen Eimer in der eigenen Küche auf, in dem organische Abfälle zwischengelagert werden. Der Weg der Maden von dort zum Herd ist besonders kurz. Frischer geht's nicht.

Zu den neuen Gourmetrezepten gehört der Maden-Burger: Maden waschen und abtropfen lassen, mit flüssiger Butter, Zitronenschale, Salz und Pfeffer vermengen und mit ein wenig Wasser verrühren. Zu kleinen Buletten formen, in geschlagenes Bio-Ei tauchen und in Bio-Semmelbröseln wälzen. In heißer Bio-Butter zehn Minuten braten, einmal wenden. Kinder mögen Spaghetti alla Madenaise: Fliegenmaden eine Stunde einfrieren, danach kurz abspülen und trocken tupfen. Öl in die Pfanne geben, die Maden braten. Spaghetti gar kochen, salzen und pfeffern. Petersilie, Mandeln, Basilikum, Ricotta und Öl mischen und mit den Spaghetti verrühren, auf den Tellern verteilen. Obendrauf kommt je eine Portion Fliegenmaden. Organisch erzogene Kinder jubeln!

WIE REINIGEN WIR DEN JOGHURTBECHER?

Es ist der Klassiker unter den ökologischen Fragen. Es ist das ewige Hauptthema des G8-Gipfels. Und nun endlich liegt auch eine Resolution des Weltklimarats vor, die sogar vom Bundesamt für Risikobewertung unterstützt wird. Wir können also erste Zwischenbilanz der jahrelangen Forschungen und Debatten ziehen. Also: Bevor ein leerer Joghurtbecher in den gelben Sack oder in die Wertstofftonne entsorgt werden darf, muss er gereinigt werden. Offiziell ist das zwar erst ab 2015 Pflicht. Doch auch jetzt bereits lohnt sich die Reinigung. Sie unterbindet die Entwicklung chemischer Gifte, mindert den Energie- und Wasserverbrauch des Verwerters und dient der Sauberkeitserziehung des Konsumenten.

Was macht Joghurtreste so gefährlich? Es sind vor allem die im Becher verbliebenen lebenden Joghurtbakterien (*Streptococcus thermophilus* und *Lactobacillus bulgaricus*) sowie die dem Joghurt beigemischten Fruchtcellulosen, Aromazusätze und Farbstoffe. Deren Rückstände reagieren im

Becher chemisch – und zwar nicht nur untereinander, sondern auch mit den hineingelangten Speichelspuren und mit dem Polystyrol, aus dem die Becher gefertigt sind.

Bevor eine lebensgefährliche Reaktion in Gang kommen kann, sollten wir die Becher also gründlich säubern, möglichst umgehend nach dem Verzehr (bei stark speichelnden Personen schon während des Verzehrs) und auf jeden Fall, bevor die Becher der Verwertung zugeführt werden!

Und so geht' s:

* Joghurtbecher, die rein weißen Joghurt enthielten, lassen sich mit Seifenlauge und einem Schwamm reinigen. Sind die Rückstände bereits angetrocknet, erfordern sie einen kleinen Hochdruckreiniger, etwa eine Munddusche mit Top-Speed-Schalter oder den Brühdruck (etwa 10 Bar) aus der Rotationspumpe einer Espressomaschine. Bitte mit klarem, heißem Wasser reinigen, nicht mit Kaffee!

* Joghurt mit Fruchtzusätzen lässt oft Verschmutzungen zurück, die an Verfärbungen zu erkennen sind und nicht mit Schwamm und Spülmittel beseitigt werden können. Hier ist der Einsatz von Fleckenwasser, Essigessenz oder Zitronensäure geboten. Bewährt hat sich die Beseitigung mittels einer elektrischen Zahnbürste, auf die eine frische Aufsteckbürste gesteckt wird. Reinigungsmittel auf die Bürste geben, einschalten und sorgfältig an den Rändern entlangfahren. Bürste anschließend vor-

schriftsmäßig entsorgen – aber vorher gründlich ausspülen!

* Für hartnäckige Müsli-Joghurts, deren faserige Rückstände und Quellstoffe an der Wand des Bechers kleben, ist ein spezielles Becher-Polish oder ein handelsüblicher Teerentferner erforderlich. Diese Mittel satt auf die Innenseite des Bechers sprühen, eine Stunde einwirken lassen, anschließend mit einer Wurzelbürste unter fließend heißem Wasser reinigen. Bleiben Rückstände sichtbar, die Prozedur mit Backofenspray wiederholen.

* Eine anschließende Desinfektion des Bechers ist nicht vorgeschrieben, trägt aber zur Keimreduktion und Antiseptik bei. Das Desinfektionsmittel sollte bakterizid, sporozid, fungizid und viruzid wirken. Umweltfreundliche Mittel sind Peressigsäure, Iod und Ozon, dessen Verwendung sogar zur Stärkung der Ozonschicht beiträgt!

Und nun – herzlichen Glückwunsch, auch vom Weltklimarat! Der Joghurtbecher ist von Grund auf sauber und darf dem gelben Sack anvertraut werden, von wo er der thermischen Verwertung (ökologisch für »Verbrennung«) zugeführt wird.

KOSTBARKEITEN AUS GEDÄMMTEN WOHNUNGEN

Gourmets schätzen Trüffel. Der schwarze Pilz ist aromatisch und teuer. Rund sechshundert Euro kostet ein Kilo schwarzer Trüffel – nicht zu viel für zahlreiche Feinschmecker. Doch zu viel für uns als verantwortungsvolle Klimaschützer, die den Hunger auf der Welt nicht ausblenden. Für uns gibt es gute Nachrichten von der hochkarätig besetzten Pilz-Kommission des Bundes: Zur Verfeinerung der Küche müssen wir nicht länger auf die sündhaft teuren Knollen aus französischen oder badischen Wäldern zurückgreifen. Wir können die schwarzen Pilze (lat. *Aspergillus niger*) direkt vor unserer Haustür ernten, ja sogar hinter unserer Haustür, total regional, in unserer eigenen Wohnung. Das allerdings nur, wenn wir in einem modern gedämmten Haus wohnen.

Es ist die von der Bundesregierung unterstützte energetische Abdichtung, Isolierung und Wärmedämmung der Häuser, welche die Gourmets unter uns frohlocken lässt. Die dicken Dämmplatten, mit denen das Mauerwerk beklebt wird, sorgen erstens dafür, dass die Fenster zurückgesetzt erscheinen. Störendes Tageslicht wird so aus den Wohnungen ferngehalten. Das ist wichtig für die Aufzucht schattenliebender Pilze. Und zweitens sind die neuen Fenster so perfekt abgedichtet, dass sich in unserer Wohnung jene begehrte warme Feuchtigkeit sammelt, die unverzichtbar ist für das feine Aroma und das rasche Wachstum der schwarzen Köstlichkeiten.

Wo finden wir die aromatischen Pilze? Häufig im Badezimmer, wo die Feuchtigkeit des Duschens sich an den kalten Wänden niederschlägt. Auch verborgen in Rollokästen, die eine Art Gewächshaus für Pilze bilden. Unter Fensterbänken. Und in den Feuchtbiotopen hinter jenen Schränken, die an Außenwänden stehen. Wir können das Wachstum der begehrten schwarzen Aromawunder fördern, indem wir unsere Wäsche nicht in einen energiefressenden Trockner geben, sondern indem wir sie nach traditioneller Art unserer Ahnen im Zimmer aufhängen.

Unsere Vorfahren lebten noch in zugigen Räumen und konnten wenig gegen die pilzschädigende Frischluftzufuhr unternehmen. Wir hingegen leben in versiegelten Niedrigenergiehäusern, in denen sich jenes feuchtwarme Klima aufbaut, das für die delikaten Geschmacksnuancen der schwarzen Pilze so wichtig ist.

Wie werden die zarten Gewächse geerntet? Am besten, so raten die Fernsehköche, durch vorsichtiges Abschaben mit einem nicht allzu scharfen Messer. Nicht gleich alles abschaben! Der Pilz soll ja weiterwachsen. Nach Auskunft des Bundesumweltamts genügt oft schon eine Messerspitze, um einem gewöhnlichen Gericht – Spaghetti, Bratkartoffeln – jene erdig-erotische Note zu geben, die für sehr viel mehr Geld sonst nur ein importierter Trüffel spendet.

Und noch eine gute Nachricht: Eine weitere Zutat der gehobenen Küche wächst dank Wärmedämmung bald in jedem Haus: der Pfifferling, auch Eierschwammerl genannt. Schwammerln kommen im Haus allerdings nur dort vor, wo es Holz gibt, in Balken, Pfosten, Streben und Ständern. Voraussetzung für das Wachstum ist auch hier, dass das Haus vorschriftsmäßig gedämmt ist und dass wir sparsam lüften. Dann können die Schwammerln als sogenannter Hausschwamm auf den Stützen und Balken wachsen. Sie entziehen dem Holz Zellulose, die beim Verzehr dem Pilzaroma die angenehme Holznote verleiht.

Geerntet wird auch hier durch Kratzen und Schaben, am besten unmittelbar vor dem Servieren. Unsere Gäste lieben es, wenn wir sie daran beteiligen. In vielen Niedrigenergiehäusern gehört es längst zum geselligen Abendspaß, dass die Gäste des Mahls durchs Haus streifen und die besten Stellen im Gebälk suchen. Jeder ist mit seinem Teller unterwegs und rubbelt sich seine Pilzportion selbst vom Balken. Nichts, meldet das Amt für ökologische Kontrolle, sei befriedigender.

IN ZWÖLF SCHRITTEN ZUR HARMONISCHEN ERNÄHRUNG

Wir kennen die Schilder von McDonald's. Wir haben die erleuchteten Restaurants am Straßenrand gesehen. Nur drin gewesen sind wir noch nie! Lediglich in absoluten Ausnahmefällen, mögen die auch noch so häufig gewesen sein. Und es muss ewig her sein, dass wir irgendwo mal von einem kalten Buffet jede Menge Roastbeef auf unseren Teller geschaufelt haben. In letzter Zeit hat man uns leider selten zu solchen Anlässen eingeladen. Vielleicht weil wir die Anwesenden zu eindringlich über die globalen Auswirkungen ihres Fleischverzehrs unterrichtet haben? Wurst essen wir schon lange nur noch dann, wenn wir Appetit darauf haben. Wir sind also beinahe schon Vegetarier oder sogar Veganer. Nicht um unseretwillen! Vielmehr ist es unser innigster Herzenswunsch, dass es im Regenwald auch in Zukunft noch regnet, dass die Wale weiter fröhlich singen und dass die

Eskimos auch morgen noch kraftvoll zubeißen können. Deshalb, zur Rettung der Welt, stellen wir unsere Ernährung total auf Grün. Und jetzt endgültig. Wir folgen ab morgen dem 12-Schritte-Programm der Vegan-Kommission des Deutschen Umweltministeriums. Auf Anfrage wird es von geschulten Beamten überwacht.

1. Wir klären unser Bewusstsein

Gewiss, auch vegetarische Ernährung endet am Darmausgang. Doch sie beginnt im Kopf! Wir machen uns klar, dass ein schwerer, aber schöner Weg vor uns liegt. Unser Magen wird vielleicht rebellieren, unser Darm wird gluckern, hupen und rumoren; er wird womöglich Gase produzieren, deren energetische Verwertung eine mittlere Stadt mit Licht versorgen könnte. Wir werden uns müde fühlen, Schwindel spüren, Stimmen hören. Doch das alles sind Symptome der Heilung! Es sind Zeichen für die Gesundung nicht nur unseres Körpers und Geistes, sondern der ganzen Welt. Wir rufen in unser Bewusstsein, dass auch Tiere ihre Rechte haben. Womöglich auch Pflanzen. Deshalb entfernen wir alle tierischen Nahrungsmittel aus unserem Gesichtsfeld. Wir verstecken sie! Wir verbannen sie in den Kühlschrank oder in die Speisekammer. Dort werden wir sie niemals finden können, es sei denn zufällig. Zur Schulung unseres Bewusstseins abonnieren wir faszinierende Zeitschriften wie die *Vegi-Info*, die Rohkostzeitschrift *Natürlich leben!* mit vielen spannenden Informationen, Rätseln und Gewinnspielen rund um geraspeltes Gemüse und natürlich *Durchblick* mit dem Verzeichnis der wichtigsten Selbsthilfegruppen und veganen Notzentren.

2. Wir sprechen darüber

Wir schweigen nicht länger. Zu lange haben wir den Mund gehalten. Jetzt informieren wir unsere Angehörigen und Freunde, dass sich bei uns etwas Fundamentales ändert. Zum Guten. Und es wäre begrüßenswert, wenn sie mitmachten. Falls nicht, falls ihr Bewusstsein noch zu sehr eingefärbt ist von den Manipulationen der lügnerischen Nahrungsmittelindustrie, dann sollen sie uns wenigstens keine Fleischgerichte mehr aufdrängen! Zumindest nicht in der mangelhaften Qualität, die sie uns bisher aufgetischt haben. Viele unserer Freunde werden mit Wut und Trauer reagieren, mit Abwehr oder Scham. Wir bleiben ruhig. Wir liefern ihnen sachliche Argumente: »Mit den Sojabohnen, die täglich an Zuchttiere verfüttert werden, könnte man alle Menschen satt machen!« Und falls sie das nicht überzeugt, ergänzen wir: »Und mit den durch Sojanahrung entstehenden Blähungen könnten wir gemeinsam das Ozonloch schließen!« Außerdem: »Für die Fleischzucht werden all die Bäume abgeholzt, auf die wir beim Ansteigen des Meeresspiegels klettern könnten!« Und schließlich: »Vegetarische Ernährung macht friedlich!« Den berühmtesten deutschen Vegetarier nennen wir in diesem Zusammenhang besser nicht. Er starb in seinem privaten Bunker im April 1945, erkrankt an Parkinson, erst 56 Jahre alt. Experten vermuten, dass er zu spät mit der Ernährungsumstellung begann.

3. Wir kaufen gezielt ein

Wir lassen uns nicht mehr durch das polierte Angebot profitorientierter Konzerne täuschen. Wir wählen bewusst aus. Also Früchte mit braunen Stellen, schlaffes Gemüse, welke

Salate, Avocados mit Flecken, pelzig bewachsene Tomaten, knitternde Auberginen, ranzige Nüsse, kurz, wir kaufen nur noch Bionahrung mit Öko-Siegel. Und die essen wir auch. In unserem Kalender kreuzen wir die bewältigten Tage an. Rückfälle verschweigen wir, um eventuelle Gefährten nicht zu entmutigen. Falls wir Kinder haben, müssen wir ihnen immer wieder gut zureden. Inzwischen gilt als erwiesen, dass vegetarisch aufgewachsene Kinder zwar klein bleiben, sehr klein, oft sogar zwergenwüchsig, dass sie jedoch einen höheren IQ entwickeln oder jedenfalls entwickeln könnten, würden sie nur das Erwachsenenalter erreichen. Die sieben Zwerge waren Vegetarier und lebten im Einklang mit dem Wald und allen Tieren! Ganz so weit sind wir noch nicht. Wir sind erst beim dritten Schritt. Wir stellen behutsam um. Fleisch haben wir gestrichen. Aber wir dürfen noch Fisch essen. Dann sind wir zwar keine ganz echten Vegetarier, aber immerhin Pescetarier – wie Jesus! Jesus aß Bio-Fisch, den seine Jünger aus dem See Genezareth geangelt hatten, zubereitet gern blau oder nach Palästinenserinnen-Art. Ernährungsforscher des Vatikans sind heute davon überzeugt, dass Jesus auch Fischstäbchen und Schlemmerfilet à la Bordelaise gegessen hätte. Sie wurden ihm nur nicht angeboten.

4. Wir entdecken Tofu

Fischstäbchen? Nun kommen uns doch Bedenken. Haben nicht auch Fische eine Seele? Rächt es sich nicht, sie aus eigennützigen Gründen zu töten? Jesus wurde gekreuzigt. Wir lassen jetzt also lieber, wenigstens zur Probe, den Fisch auch noch weg. Freunden, die das nicht verstehen, zitieren wir das Motto aus unserer Lieblingszeitschrift *Schrot und*

Korn: »Für einen kurzen Gaumenschmaus lösche ich kein Leben aus!« Ab jetzt nehmen wir nur noch zu uns, was weder Fisch noch Fleisch ist. Im Bioladen finden wir eine Vielfalt luftdicht in weichgemachtem Plastik eingeschweißter Ersatzprodukte aus gentechnischem Sojaeiweiß (Tofu), aus zermahlenen, überwiegend ungiftigen Lupinensamen oder aus Weizengluten (Seitan). Sie heißen *japanisches Bratstück*, *Vegan-Steak* oder *wie Schnitzel*. Klingt gut! Wir essen spätestens ab jetzt keine Frikadellen mehr, sondern »*Free*kadellen«, frei von lebenden oder zumindest von toten Tieren. Allerdings erlauben wir uns weiterhin Milch, Joghurt, Rührei. Denn noch ist unsere klimafreundliche Umstellung nicht vollständig abgeschlossen. Noch sind wir öffentlich vorzeigbare Ovo-Lacto-Vegetarier.

5. Wir achten die Rote Liste

Im fünften Schritt lassen wir auch die Eier weg, die vom Federvieh. Es ist nicht länger mit unserem Gewissen vereinbar, dass unschuldigen Hühnern etwas gestohlen wird, was ihnen in Form fröhlicher Küken den Lebensabend verschönern könnte. Unser Motto: Küken müssen schlüpfen dürfen! Falls wir auf Reisen gekochte Eier auf dem Frühstücksbuffet entdecken, klopfen wir die Schale auf, bei jedem einzelnen Ei, um den durchs Garen entkräfteten Küken das Schlüpfen zu erleichtern. Wir sind jetzt authentische Lacto-Vegetarier nach den Richtlinien der Brüsseler Ethik-Kommission und vertreten die Interessen aller geschundenen Lebewesen. Zugegeben, unser Speiseplan ist nicht mehr so vielfältig wie jener der Allesfresser. Doch er schont die Polkappen und rettet Flüsse, Meere, Berge und Wald und sämtliche gefährdeten Arten auf der Roten Liste, darunter Schwebfliegen und Eulenfalter sowie über dreihundert Schleimpilz-Familien. Unsere Tomaten tragen von nun an das Siegel *delphinfrei gefangen*. Die Rezepte für unsere Gourmetküche entnehmen wir Büchern wie *Kochen ohne Knochen* und Fachzeitschriften wie *Go Veggie*. Etliche Freunde beginnen auf dieser Stufe, unsere Einladungen mit fadenscheinigen Entschuldigungen abzusagen. Sie sind nicht für das neue Zeitalter geschaffen. Sie lesen nicht *Die Wurzel*. Schade. Wir werden sie zurücklassen müssen.

6. Wir kauen gründlich

Um unserem Körper die Umstellung beizubringen, essen wir eine Zeitlang nur Rohkost. Am besten legen wir diese Phase in die Ferienzeit. Denn rohe vegetarische Kost, geraspeltes Gemüse zum Beispiel, muss lange gekaut werden. Während Klimaschädlinge einen Burger oder ein Stück Pizza in drei Minuten verschlingen, widmen wir uns mit liebevoller Geduld einzelnen Möhren, Apfelstücken, Salatblättern, Kräutern und Kohlstrünken. Je besser wir sie zermahlen (»Mahlzeit«), desto leichter hat es unser verschlungener Verdauungstrakt. Wir beginnen mit zwanzig Mal Kauen und steigern langsam auf die vom Bundesumweltminister empfohlenen zweiundfünfzig Mal. Der gründlich eingespeichelte Speisebrei ist jetzt fast flüssig und kann in der Mundhöhle schmatzend hin und her gesogen werden. Dabei werden wichtige Spurenelemente durch die Schleimhaut aufgenommen. Außerdem steigert das Saugen und Schmatzen die Wahrnehmung feinster geschmacklicher Nuancen und vertreibt Nachbarn aus dem Restaurant oder Bahnabteil. Nutzen wir die kurze Zeit, in der wir noch kauen können! Dass unsere Zähne zu wackeln beginnen und dass sie authentische schwarze Löcher bekommen, ist lediglich eine biologische Folge des Mangels an Zink, Magnesium, Kalzium, Kieselsäure, Strontium, Bor und Vitamin D. Am Zucker liegt es jedenfalls nicht. Zucker meiden wir!

7. Wir leben vegan

Nun sind wir reif genug. Fortan weigern wir uns, Honig zu essen, denn er wird versklavten Bienen gestohlen. Auch Bienenwachs kommt nicht mehr in Frage. Wir verurteilen Wollpullover und ihre Träger aufs schärfste, denn die Wolle wird wehrlosen Schafen geraubt, denen nach der Schur oft so bitterkalt ist, dass sie freiwillig um Schlachtung bitten. Als Veganer verdammen wir sämtliche tierischen Produkte – zum Beispiel die Gelatine, die in Gummibärchen, Lakritz, Brausetabletten verwendet wird, auch als Klärstoff in Wein, in klaren Fruchtsäften, Impfstoffen. Wir streichen sämtliche Kosmetika, denn sie enthalten allesamt Nebenprodukte von Schlachtungen, etwa Proteine, Aminosäuren, Biotin, Cholesterol, Elastin, Hormone, Fibrostimlin, Glycerin, Glykogen, Harnstoff, Hyaluronsäure. Indem wir sämtliche Kosmetika weglassen und unsere ausgezehrte Erscheinung nicht mehr verstecken, senden wir zugleich ein wichtiges Signal aus: Niemand muss sich seiner Hässlichkeit schämen! Nun streichen wir gleich noch die Parfums, denn sie enthalten Ambra aus dem Verdauungstrakt von Walen. Ohnehin könnten selbst stärkste Düfte unsere Ausdünstungen in diesem Stadium nicht mehr überlagern. Besitzen wir noch Schuhe aus Leder, also aus den Häuten getöteter Tiere? Wir schämen uns für die Schuhindustrie und stellen um auf Treter aus Holz, Bast und Kautschuk. Weil wir mittlerweile nicht mehr viel wiegen und da unsere Muskeln geschwunden sind, treten wir automatisch nicht mehr so fest auf. Die Schuhe werden also nicht sonderlich beansprucht und bestimmt nicht mehr lange. Sie brauchen nicht haltbar zu sein. Dass wir schneller frieren, ist kein Alarmsignal. Es liegt lediglich an unserer ernährungsbedingten Anämie. Wir ziehen mehrere fair gehandelte Baumwollpullover übereinander.

8. Wir werden Frutarier

Wundersame bescheidene Lebewesen rücken jetzt in unseren Blickpunkt: die Pflanzen. Dass wir die Ausbeutung und Tötung von Tieren boykottieren, versteht sich von selbst. Nun wollen wir auch die Pflanzen schonen! Zellularbiologen bestätigen, was schon weise Frauen wie Hildegard von Bingen und Elisabeth von Thüringen verkündeten: Pflanzen haben eine Seele. Pflanzen fühlen. Neue Messungen zeigen, dass Pflanzen zusammenzucken, wenn jemand sich mit Messer oder Schere nähert. Sie fürchten sich. Wir werden keine Pflanze mehr auspressen oder auspressen lassen, nur um ihr – etwa einer Olive – das Öl zu rauben! Wir werden keine Frucht mehr essen, deren Ernte den Tod der Pflanze bedeutet! Wir dürfen gern noch einen Apfel vom Baum pflücken; der Baum stirbt nicht daran. Noch besser ist es, wenn wir warten, bis der Apfel von selbst abfällt, wenn unser Freund, der Baum, ihn also freiwillig herschenkt. Wir können vertrauensvoll unter den Zweigen warten oder jeden Tag nachschauen. Dasselbe gilt für Birnen, Weintrauben, Melonen. Wir dürfen pflücken. Aber wir dürfen um keinen Preis Kar-

toffeln aus dem Boden graben oder auch nur das profit-
gierige Ausgraben hinnehmen! Denn mit der Kartoffelernte
stirbt die Pflanze! Mit dem Ausgraben einer Mohrrübe ist es
nicht anders: Die prächtige grüne Pflanze stirbt, in Bündeln
geschändeter Leichen liegt sie beim Gemüsehändler. Mit
Zwiebeln, Fenchel, Rote Beete ist es ebenso. Ihre Ernte bedeutet ihren Tod. Wir trauern, und wir sind zornig. Und wir
schämen uns für alle Menschen, die da noch zugreifen! Wir
selbst beschränken uns auf Pflanzen, die am Leben bleiben, wenn wir etwas von ihnen pflücken. Es bleiben ja noch
Nahrungsquellen genug: Baumfrüchte, Peperoni, Zucchini,
Auberginen, Paprika, Kürbis, Bananen, Nüsse, Sonnenblu-
menkerne, Leinsamen, Spitzwegerich, Grashalme. Wenn wir
Salat essen, nehmen wir niemals den ganzen Kopf, sondern
begnügen uns mit einem einzelnen Blatt. Und wir fragen den
Salat vorher. Erst wenn er leicht mit dem Kopf nickt, ist es in
Ordnung. Wir tun nichts ohne das Einverständnis der Natur.

9. Wir essen Erde

Das ist ein großartiger, wenn auch ein einsamer Schritt. Viele
Freunde mögen uns nicht mehr folgen. Dabei ist es erwiesen;
in zahlreichen Berichten über ruhmreiche alte Völker steht
es zu lesen, und längst haben Wissenschaftler es zweifelsfrei
bestätigt: Erde essen ist gesund! Was bereits die griechischen
Philosophen als *Geophagie* empfahlen, heißt heute Urkost –
das Verzehren köstlichen, frisch ausgegrabenen Erdbodens.
Kinder in der Sandkiste genießen diese Leckerbissen noch
unverstellt, Tiere sowieso. Und wir – nicht länger Opfer des
Agrobusiness und seiner rücksichtslosen Gewinnmaximie-
rung –, wir kehren zurück zu dieser ursprünglichsten aller Er-

nährungsformen. Geschützte Völker im Amazonas-Regenwald und auf Papua-Neuguinea verzehren mit Hingabe ihre ton- und salzhaltige Erde. Sie backen Kekse aus gelber Erde, mit ein wenig Salz und Pflanzenfett. Über dreißig verschiedene Lehmarten stehen bei ihnen auf dem Speiseplan, sodass keine Langeweile aufkommen kann. Das machen wir nach! Aus dem Bioladen kennen wir bereits Kieselerde und Heilerde. Wir haben auch schon mal Pulver aus Löss in Wasser verrührt. Wir kennen das Sprichwort: »Dreck reinigt den Magen.« Und natürlich wissen wir, dass Erde den Verdauungsapparat vor Giften, Parasiten und Keimen schützt. Tonerde wird neuerdings auch in der Medizin eingesetzt; sie ersetzt herkömmliche Antibiotika, ohne eine Resistenz zu verursachen. Doch uns geht es um mehr. Uns geht es nicht um das Trinken einer leckeren Aufschlämmung zwischendurch. Uns geht es um die wahre, ursprüngliche Kost. Es geht um die direkte Aufnahme all der vielfältigen Mineralstoffe und Spurenelemente, mit denen die Erde uns so reichlich beschenkt! Wir wollen kein Lebewesen mehr ausbeuten! Um unseretwillen soll sich keine Pflanze mit Photosynthese abquälen, nur damit wir ihr dann Blätter, Blüten, Samen, Früchte rauben. Wir nehmen lebenswichtige Stoffe wie Eisen, Zink und Kalzium fortan direkt aus dem Boden auf, frisch und unverarbeitet. Unsere Mutter Erde gibt uns alles, was wir brauchen. Wir können getrocknete Tonerde knabbern wie die Hoti-Indianer am Orinoco, wir können sie lutschen wie die Mikronesier. Wir können delikate Erdfladen backen, wie die Jakuten und Burjaten im asiatischen Teil Russlands. Wir genießen knusprige Erdkekse, wie es die letzten unbehandelten Stämme auf Sansibar tun. Oder wir machen es wie die Nomaden im iranischen Hochland, wir schlemmen die aromatischen weißen Tonknollen roh – die Konsistenz ist ähnlich derjenigen von Rumkugeln, der Geschmack jedoch ungleich zarter. Die australischen Ureinwohner öffnen während eines Staubsturms weit den Mund, um sich den leckeren Flugsand auf der Zunge zergehen zu lassen. All das können wir im Stadtpark oder im Vorgarten nachahmen. Von allen beneidet werden wir, wenn wir einen Kleingarten bewirtschaften. Dann können wir Beete mit verschiedenen Erdsorten anlegen, von Weißgrau über Gelb und Rot bis zu Tiefbraun und Sattschwarz. Farblich und aromatisch können wir jeden Tag etwas anderes essen. Und wenn Freunde bei uns zu Besuch sind, dürfen sie gern mal aus einem unserer pflanzenfreien Balkonkästen probieren!

10. Wir leben von Licht

Viele umweltbewusste Menschen, Tierfreunde und Klimaretter bleiben auf der Stufe des Veganers oder Frutariers stehen. Sie mögen nicht weitergehen. Sie schaffen das 12-Schritte-Programm nicht bis zum Ende. Das ist betrüblich, aber in Ordnung. Vielleicht nehmen sie wenigstens Kontakt auf zu anderen Veganern, treffen sich in Selbsthilfegruppen und schicken ihre Kinder zu vegetarischen Freizeiten, wie sie von der Deutschen Reformjugend veranstaltet werden. Allein das ist beglückend. Doch für uns ist der Weg noch nicht zu Ende, weil wir es wirklich ernst meinen mit der Rettung der Welt. Der Schritt zum Erdeessen mag anfangs Mut und Überwindung kosten. Doch wer einmal die verschiedenen Tonarten geschmeckt hat, ist kaum noch vom Erdboden wegzubringen. Und doch ist es nur ein Zwischenschritt! Denn so

rücksichtsvoll und schonend das Essen von Erde sein mag –
selbst in einem Teelöffelchen Mutterboden leben Millionen
von Kleinstlebewesen, sogenannte Mikroben, in vielen tausend Arten. Etliche davon gelten als bedroht und stehen auf
der Roten Liste. Da leben bescheidene Protozoen, die mit einer einzigen Zelle zufrieden sind, wovon wir Menschen nur
lernen können! Obendrein die artenreichen Nematoden und
die kleinen Gliederfüßer, oft so winzig, dass sie mit bloßem
Auge nicht zu erkennen sind. Einige Freunde der Urkost
empfehlen ausdrücklich, diese Kleinstlebewesen wegen der
B-Vitamine mitzuessen, ja, einige lehnen das Waschen von
Gemüse und Blättern nur deshalb ab, damit die Mikroorganismen nicht abgespült werden. Wir sagen: nein. Weil wir die
Mikroben respektieren und schützen wollen, erheben wir
uns auf die höchste Stufe: zur Lichtnahrung. Keine Ernäh-
rungsform ist subtiler und feinstofflicher als die Ernährung
mit Licht. Eine unerschöpfliche Energie wartet geduldig darauf, dass wir uns ihr zuwenden. Die alten Inder nannten sie
Prana, die Chinesen nannten sie Qi. Es ist die Energie, die
unerschöpflich im Kosmos schwingt als subtilste Form von
Licht, von einem Licht, das auch im Dunkeln webt. Diese
Energie strömt sofort in uns ein, sobald wir uns ihr bewusst
zuwenden. Genau das tun wir! Essen müssen wir nun nichts
mehr. Wir leben von Qi, von Prana, von der kosmischen Ur-
schwingung. Wir spüren das Aufladen unseres inneren Akkus sofort, wenn wir uns der Sonne zuwenden. Das Mond-
licht ist eher ein Nachtisch, das Funkeln der Sterne wie ein
liebliches Gewürz, das auf uns rieselt wie essbarer Sternen-
staub. »Sterntaler« ist die klassische Schilderung einer Licht-
esserin. Als sie nichts mehr zu essen hat, wird sie vom Kos-

mos genährt. So ist es nun auch bei uns. Zwar sind wir müde, wir haben Schmerzen, wir sind schwach, haben abwechselnd Durchfall, Verstopfung und Aufstoßen; doch das sind klare Anzeichen dafür, dass wir eins werden mit dem Kosmos. Wäre es nicht wunderbar, wenn alle sieben Milliarden Menschen so leben würden?

11. Wir bestellen eine kompostierbare Urne

Noch bevor der Lichtnahrungsprozess vollständig abgeschlossen ist, sollten wir eine kompostierbare Urne bestellen oder einen schadstofffreien Sarg aus pflanzlicher Stärke. Wir sollten das früh tun, weil bei unserem Verzicht auf feste und flüssige Nahrung unser Mund nach einiger Zeit trocken wird. Schon nach wenigen Tagen Lichtnahrung klingt unsere Stimme wie rieselnder Sand. Nach einem weiteren Tag haben wir nicht mehr genügend Kraft, eine Telefonnummer zu wählen. Ewiggestrige Kritiker wenden schon gegen den Speiseplan von Veganern ein, Nährstoffe zur Entwicklung des Gehirns würden dabei nicht mehr aufgenommen. Das trifft zwar zu, doch dass wir überhaupt bis zu diesem Schritt gelangt sind, beweist, dass unser Gehirn viel weiter und feiner entwickelt ist als das der groben Allesfresser. Und wir werden es nicht mehr lange brauchen! Eine höhere Intelligenz, das kosmische Bewusstsein, wird übernehmen. Schnell also die kompostierbare Urne bestellen! Wenn der Bestattungsunternehmer mit einem Biosiegel ausgezeichnet wurde, können wir sicher sein, dass die für die Urne verwendete Stärke von Pflanzen stammt, die bei der Ernte nicht zu Schaden kamen, aus einem Land, in dem ausschließlich fair gehandelt wird. Andernfalls würden wir uns im Grabe umdrehen. Die

Kompostierbarkeit unseres letzten Gefäßes ist wichtig, damit die kleinen Lebewesen, denen wir unsere sterbliche Masse zur Verfügung stellen, rasch an die hochqualitative Nahrung kommen. Durch die fortschreitende Reinigung und Entgiftung ist unser Körper selbst zu einer vollwertigen Bio-Nahrungsquelle geworden. Unser spiritueller Energielevel sättigt die hungrigen Bewohner des Erdreichs nicht nur, er bringt sie zugleich auf eine höhere Schwingungsebene. Von berühmten Heiligengräbern wird erzählt, dass von ihnen ein überirdisches Licht ausstrahlt, verbunden mit der Kraft der Wunderheilung. Exakt von dieser Art wird unser Grab sein.

12. Wir nähren die Welt

Nach wenigen Wochen purer Lichtnahrung ist es so weit: Nun sind wir nicht mehr auf Ernährung angewiesen. Von nun an ernähren wir. Wir nähren die gefährdete Welt, den blauen Planeten, die ganze Menschheit mit unseren hochfrequenten positiven Schwingungen. Zu Lebzeiten konnten wir diese Schwingungen nur unserem Partner oder unseren Kindern zugutekommen lassen, vielleicht noch unseren Freunden, aber oft nicht einmal diesen. Denn die meisten Menschen haben unsere hohe Energiefrequenz nicht ausgehalten und sind geflohen. Nun kann sich keiner mehr entziehen, weder Lebewesen noch unbelebte Materie, noch Planeten und Sonnensysteme. Nun vollkommen im Einklang mit dem Kosmos, vermögen wir es, Gefahren von der Erde abzuwenden – etwa gefährliche Chemtrails in der Atmosphäre aufzulösen, schützende Ozonschichten zu stärken und Kometen auf die richtige Bahn zu lenken. Mit etwas Geschick können wir sogar gefährliche Gaswolken zerstreuen und schwarze Löcher behutsam schließen. Wenn wir weiterhin wachsen, können wir sogar die Explosion ganzer Sterne und Sonnensysteme verhindern, also die sogenannten Supernovas – es sei denn, ihr Licht kündigt unsere Wiederkehr an und steht als leitender Stern über dem bescheidenen Stall unserer Neugeburt. Wenn wir dann endlich als Erlöser anerkannt sind, ist unsere Ernährungsumstellung geglückt.

ANREGUNGEN FÜRS TISCHGESPRÄCH

Ob wir uns vegetarisch, von Rohkost oder von purem Licht ernähren, zuweilen – wenn auch immer seltener – sind andere Menschen dabei. Und dann ist es entspannend, wenn wir die Kunst des Tischgesprächs beherrschen. Grundregel: Politik, Geld und Krankheiten sind bei Tisch tabu. Die Themen sollten diskret sein und guten Geschmack verraten. Hier sind vier Fragen, mit denen wir ein ökologisches und geschmackvolles Gespräch anregen:

* Leider gibt es auch in Deutschland immer noch Pflanzen, die Fleisch fressen, wie den Sonnentau, das Fettkraut oder die sogenannte Wasserfalle. Mit ein wenig Geduld wäre es vielleicht möglich, diese Pflanzen auf Tofu und Seitan umzustellen. Würdest du diesen Job übernehmen?
* Diejenigen australischen Aborigines, die noch im Einklang mit der Natur leben, verzehren Maden

und zerquetschen Ameisen, um sie als vitaminreichen Klumpen zu lutschen. Findest du, da geht die Naturnähe ein bisschen zu weit? Wo hört der Spaß für dich auf?

* Verschafft es dir ein gutes Gefühl, wenn du den Müll richtig trennst und sorgsam auf die vorgesehenen Tonnen verteilst? Kommt damit wenigstens ein Teil deines Lebens in Ordnung?

* Nach der neuen Feinstaubverordnung, die auch die Absonderung subtiler Gase betrifft, darfst du die Innenstadt nicht mehr betreten. Kannst du dir denken, warum?

KLIMAFREUNDLICH FEIERN

Gerade traditionsreiche Feiern wie Ostern und Weihnachten fordern unser Engagement als Natur- und Klimaschützer. Die Menschen sind reif für einen Bewusstseinssprung. Um diesen Sprung zu fördern, können wir Informationsblätter verteilen – zum alarmierenden österlichen Missbrauch der Hasen, zur beschämenden Tierfolter im Stall von Bethlehem, wo Ochs und Esel niemals Auslauf hatten, oder zu den unbezweifelbaren Vorteilen des Veganismus. Außerdem sollten wir Ostern und Weihnachten, diese schlimmsten Energieräuber unter den Festen, für besondere Aktionen nutzen. Und schließlich können wir selbst ein ressourcenschonendes Fest ausrichten, das nicht nur das Bewusstsein unserer Gäste hebt, sondern sie auch zum baldigen Aufbruch nötigt.

Ostern ohne Eier

Jedes Ei eines Vogels dient der Erzeugung der Nachkommenschaft. Auch das Hühnerei. Doch seit Jahren müssen Hühner wehrlos mit ansehen, wie man ihnen ihre Kinder wegnimmt, oft sogar schon vor deren Geburt! Und das keineswegs, um sie Leihmüttern einzusetzen oder sie zur Adoption freizugeben, sondern – wir mögen es kaum aussprechen – um sie zu kochen und zu braten! Die traumatisierten Hühnermütter versuchen nun, erneut ein Kind zur Welt zu bringen, und wieder wird es ihnen geraubt. Und das geht so weiter, Tag für Tag, seit endlosen Jahren schon.

Dieser Wahnsinn muss aufhören! Unsere Aktion heißt: »Küken müssen schlüpfen dürfen.« Dieser Satz gehört nicht nur in die Verfassung der Bundesrepublik Deutschland und aller EU-Staaten, er gehört auch in die Erklärung der Tier- und Menschenrechte der Vereinten Nationen. Küken müssen schlüpfen dürfen – bei uns setzt sich das Verständnis dafür immerhin langsam durch. Doch noch immer gibt es Menschen, die unbedacht Eier kaufen und sie zu Hause durchaus nicht in einen Brutkasten legen, sondern in einen Kühlschrank! Und was geschieht dann?

Nach Schätzungen der Tierrechtsorganisation Peta werden in Deutschland drei Milliarden Küken pro Jahr zerkleinert, zerquirlt, gekocht, gebraten und mit Mehl verrührt – allesamt im vorgeburtlichen Stadium! Schluss mit diesem Irrsinn! Küken müssen schlüpfen dürfen, und das können sie nur, wenn ihre Schale nicht bemalt und verklebt wird. Untersuchungen amerikanischer Wissenschaftler beweisen, dass Küken den Weg ans Licht suchen und deshalb mit dem Schnäbelchen von innen die Schale aufzupicken versuchen. Ist die Schale jedoch von außen mit Farbe bemalt oder mit Abziehbildern und Buntpapier zugeklebt, ist sie womöglich gar umhäkelt oder mit Bändern verunziert, verlieren die Küken im Inneren die Orientierung. Sie kommen nicht mehr heraus. Über die Sitte, sie vorher durch winzige Löcher herauszublasen aus der Schale, über diese entsetzliche Quälerei müssen wir wohl keine Worte verlieren.

Küken müssen schlüpfen dürfen, und wir wollen ihnen dabei helfen. Wenigstens zu Ostern, zum Fest der Auferstehung, bilden wir kleine, schlagkräftige Aktionsteams – gern als Flashmobs zusammengetwittert – und begeben uns in die Supermärkte. Wir sind blitzschnell. Allen Eiern, deren wir habhaft werden können, versetzen wir einen behutsamen kleinen Schlag, mit einem Hämmerchen, einem Schlüssel, den wir dabeihaben, oder einfach mit einem anderen Ei. Wir machen das so, dass die Schale leicht angebrochen oder angeknackst wird.

Das hat zwei Wirkungen: Unverbesserliche Eieresser werden abgeschreckt. Dem verwirrten Küken im Inneren jedoch wird das wichtige Signal gegeben: Ich darf schlüpfen! Da oben, durch diesen feinen Riss, kommt Licht durch die Schale, da darf ich durch!

Wir, als Aktionsteam, verlassen den Supermarkt möglichst rasch, um den nächsten aufzusuchen. Wir dürfen darauf vertrauen, dass schon bald Scharen von Küken durch die sterilen Gänge und das Warenangebot hüpfen, flattern, quellen, schwärmen und ihre Rechte einfordern. Wenn wir vor dem Verlassen des Ladens noch ein wenig Zeit haben, streuen wir ein paar Tüten Getreide aus der Bioabteilung in die Gänge, um den Küken zu zeigen: Ihr seid willkommen! Ihr seid auferstanden! Frohe Ostern in der Freiheit!

Nachhaltiger Lammbraten

Bereits traditioneller Lammbraten gilt als nachhaltig, weil er zwischen acht und zwölf Stunden im Magen verweilt. Von dort wird er als mühsam zersetzter Brei allmählich in den Darm weitergeschoben. Dort entfaltet er in den folgenden drei Tagen eine Wirkung, die mit der neuen Feinstaubverordnung der EU nicht hundertprozentig vereinbar ist. Führende Umweltverbände plädieren deshalb für einen Lammbraten, der weder die Peristaltik überfordert noch das im Darm produzierte Biogas ungenutzt verpuffen lässt.

In Zusammenarbeit mit den wichtigsten militanten Tierschutzorganisationen haben wir einen Lammbraten entwickelt, der lediglich den Nachteil hat, dass er den Arbeitsplatz von Schäfern gefährdet. Er besteht aus Tofu. Damit wird zugleich der Sojaanbau gefördert. Gewiss, der Sojaanbau sorgt durch intensive Düngemittelgaben und Pestizideinsätze für die Vergiftung von Grundwasser und Flüssen, doch das tut er auf streng nachhaltige Weise und nur in Ländern, in denen sowieso niemand Ostern feiert.

Die ethische Organisation Peta empfiehlt, für diesen lammschonenden Lammbraten drei Kilo Tofu eine Stunde vor der Zubereitung gründlich zu zerquetschen und in ein sauber gewebtes Fair-Trade-Geschirrtuch zu packen. Den Klumpen zum Auffangen der Lake (nicht wegschütten, als Öko-Wein anbieten!) auf eine große Bambusschüssel stellen, die im Herkunftsland mit Kleber aus Brotbaum und Bambusspänen verarbeitet wurde.

Anschließend einen heimischen Naturstein auf den Tofuklumpen legen, um ihn zu pressen. Für die Beilagen 250 g Demeter-Zwiebeln und 250 g Bioland-Sellerie in nativem Sesamöl mit Biozertifikat schmoren. Je ½ Teelöffel Salbei und Thymian sowie 1 Teelöffel Petersilie aus dem Biomarkt mit 750 g in Würfel geschnittenem, biobesiegeltem Urweizenvollkornbrot und 500 g gewürfeltem Indio-Maisbrot gemäß EG-Bio-VO vermischen und mit Naturkind-Gemüsebrühe zu einer basisdemokratischen Masse verbinden. Gegebenenfalls noch barrierefrei produzierte Nüsse hinzufügen.

Den Backofen auf 200 °C vorheizen. Den abgetropften Tofuklumpen mit den eigenen Händen geschickt formen, sodass der Eindruck von Keulen, Karrees, Koteletts und Filets entsteht. Diese Stücke auf ein gefettetes Backblech setzen und mit einer Mischung aus Fair-Trade-Sojasauce und Biosesamöl bestreichen, mit umweltverträglicher Folie abdecken und eine Stunde backen. Dann die Reste der Folie entfernen, die sich nicht aufgelöst haben, und das fleischlose Lamm mit dem Rest Flüssigkeit bestreichen. Abermals in den Ofen schieben und ohne Abdeckung noch einmal zwanzig Minuten backen, bis der Braten goldbraun ist. Auf einer Servierplatte anrichten und den Gästen vorsetzen: Das ist unser Vegan-Lamm! Die Produktion von wertvollem Biogas setzt dreißig Minuten nach dem Verzehr ein.

Weihnachten ohne Baum
Weihnachten ist traditionell das Fest des Baumsterbens. Im christlichen Abendland gedenken die Menschen der Abhol-

zung des Regenwaldes, indem sie massenhaft Tannen ab-
schlachten. Dieses Gedenken ist kein Zynismus. Der Kahlschlag rund um das Lichterfest stellt eine solidarische Über-
sprungshandlung dar. Umweltpsychologen bestätigen das.
Indem die Menschen im Norden ganze Wälder von Nadel-
bäumen in kürzester Zeit niedermachen, senden sie eine ent-
lastende Grußadresse an die unterdrückten Indios in Südamerika und an die versklavten Waldarbeiter auf Borneo
und Sumatra. Was ihr da macht, lautet das Signal, das mag
vielleicht nicht schön sein, aber lasst euch kein schlechtes
Gewissen einreden, wir machen es auch!

Einen Unterschied gibt es freilich. Die Abholzung der Regenwälder ist sinnvoll, weil auf den Kahlflächen fortan Soja,
Ölpalmen und Mais für Biogas und Biotreibstoff angepflanzt
werden können. Diese regenerativen Energien können dann
den Regenwald retten, den es anderswo vielleicht noch gibt.
Dagegen ist der Boden nordischer Tannenwälder für das
Kultivieren von Biomasse unbrauchbar. Er taugt nur für die
weitere Anpflanzung von Weihnachtsbäumen.

Aber jetzt kommt die Einschränkung. Kein fühlendes Wesen – weder Kröte noch Wal, noch Orang-Utan – wird sich
zum Feiern einen abgeholzten Baum ins Zimmer stellen. Übrigens auch keine an ihrem Fuß amputierte Blume! Fühlende
Wesen weinen, wenn sie einen abgeschlachteten Baum sehen. Bei einer Tanne kommt noch etwas Trauriges hinzu.
Nicht nur der Baum stirbt. Sondern auch die Wesen, die auf
ihm wohnen. Das sind keine Baumelfen, sondern ganz kon-
krete kleine Insekten. In einer durchschnittlichen Nordmanntanne leben nach Berechnungen der Universität Bergen rund zwanzigtausend Milben, Motten, Rindenläuse. Die

meisten haben sich keinesfalls auf den Tannenbaum begeben, um Weihnachten zu feiern, sondern um in Ruhe und Abgeschiedenheit zu überwintern.

Bereits durch das Abschlagen wird diese Ruhe gestört. Die empfindlichen kleinen Tiere erwachen durch den Lärm und die Erschütterung und reiben sich verwundert die Augen. Wenig später, in der Wärme und im Licht des Weihnachtszimmers, glauben sie zu erkennen, warum sie erwacht sind: Es ist schon Frühling! Dieser verhängnisvolle Irrtum lässt sie sogleich auf Wanderschaft gehen. Wegen ihrer Winzigkeit unbemerkt, beginnen sie zu flattern und zu kriechen und zu krabbeln. Über die Grenzen der Wohnung hinaus schaffen es die wenigsten. Das festliche Zimmer bietet ihnen zunächst genügend Nahrung. Die Allergiker unter den Gästen fangen an zu niesen. Ältere bekommen Atembeschwerden. Und weil auch Zecken im Nymphenstadium unter der Rinde hervorquellen, kommt es bei der Bescherung zu rätselhaften Einstichen und hartnäckigem Jucken.

Gehirnhautentzündung und Borreliose entwickeln sich erst Wochen später. Zu diesem Zeitpunkt sind etliche Tierchen schon längst in einladenden Ritzen, Spalten, Fugen untergekrochen. Die meisten jedoch – und hier steht eine Klage vor dem Europäischen Gerichtshof an – verenden kläglich. Das frühe Erwachen bekommt ihnen nicht. Denn ihr nährender Rückzugsort, der gastliche Baum, wird bald nach der Jahreswende schmählich fortgeworfen. Dann muss er mit anderen Baumleichen im Winterregen auf offener Straße verwesen, bis er abgeholt und mit Millionen anderer abgeschlachteter Bäume zur Einäscherung transportiert wird.

Unser Tipp: Das Bild eines Baumes, gern selbst gemalt, ist genauso festlich! Und eine einfache Energiesparbirne davor, verbreitet – wenn wir uns erst mal daran gewöhnt haben – ein genauso andächtiges Licht wie die Kerzen auf einem Baum! Die Birne lockt auch keine kleinen Tiere an, sondern hält durch ihre Quecksilberausdampfung alles Leben fern. In ihrem blässlichen Schimmer überreichen wir einander unsere delphinfreundlichen Geschenke, das Postkartenset »Die Letzten ihrer Art«, den Gutschein für eine Ausgabe »Schrot und Korn«, eine Tüte Bio-Saatgut »Petersilie« oder die kostenlose Baumpatenschaft für eine Nordmanntanne!

Schnipp, schnapp gegen Lichterketten

Weihnachten ist das unübertroffene Hochfest der Energieverschwendung. Lichterketten, Weihnachtssterne, blinkende Weihnachtsmänner, Weihnachtsengel, Weihnachtssonnen, Weihnachtsmonde – alles funkelt und leuchtet auf Kosten der Ressourcen, stößt Emissionen aus und besteht obendrein aus Plastik. Dieser Irrsinn muss endlich aufhören! Und das tut er. Eine einfache, stromisolierte Schere genügt. Hier ein Schnipp und dort ein Schnapp, schon erlöschen die Lichterketten, verglimmen die Sterne, verglühen die Sonnen und Monde, hauchen die Weihnachtsmänner und Engel ihr künstliches Licht aus. Wenn wir strategisch vorgehen, versinken ganze Straßenzüge in anheimelndes Dunkel. Und darauf kommt es an: Mit unserer Schnipp-schnapp-Aktion schützen wir nicht nur die bedrohten Ressourcen dieser Welt. Wir geben dem weihnachtlichen Fest auch seine ursprüngliche tröstende Dunkelheit zurück. Erst wenn alles in archaische

Finsternis getaucht ist, können wir auch den Stern von Bethlehem sehen! Oder könnten es. Vielleicht sehen wir zumindest die Sterne über unserer Stadt zum ersten Mal seit vielen Jahren. Und dann stellen wir fest, dass wir kaum Licht brauchen! Hier genügt ein Streichholz, dort eine Kerze. Kenner wissen es: Manager und gestresste Alleinerziehende suchen beim neuesten Hit der Therapieszene Zuflucht, in der sogenannten Dunkeltherapie. Das ist unser Weihnachtsgeschenk an die suchenden Menschen: Wir schaffen das Dunkel, kostensparend, schnipp, schnapp, zum Wohle der ganzen Welt.

Umweltfreundliche Geschenke

Schenken ist so einfach. Etwas schwieriger ist es, zu schenken und die Beschenkten gleichzeitig vor den Kopf zu stoßen. Das geht nur mit echten ökologischen Geschenken. Zur Anregung mag unsere kleine nachhaltige Liste dienen. Den Verpackungswahnsinn machen wir übrigens nicht mit! Wir überreichen unsere Geschenke einfach so oder wickeln sie in Zeitungspapier ein oder ziehen sie als Überraschung unter einem Tuch hervor. Und hier sind die Vorschläge, die allesamt die Ressourcen schonen, vor allem unsere finanziellen:

* Ein Stapel Recyclingpapier »extra grau«
* Ein Packen Briefumschläge aus Recyclingpapier »elegant grau«
* Bastelbogen aus Recyclingpapier »dunkelgrau«
* Toilettenpapier aus Recyclingpapier »extra rau«
* Fotokalender »Bedrohte Paradiese«

* Fotokalender »Gefährdete Tierwelt«
* Postkartenset »So schlimm sind die Emissionen«
* Fotoband »Tierelend«
* Porzellanbecher »Ich schone die Ressourcen«
* T-Shirt »Ich schütze das Klima«
* Peta-Help-Card »Hoffnung für Tiere«
* Greenpeace-Magazin, ältere Ausgabe, aber mit wichtigen Artikeln
* Veggie-Starter-Kit (als PDF kostenlos runterladen, auf Recyclingpapier ausdrucken)
* Handbuch der Non-Governmental Organizations (NGOs)
* Che-Guevara-Poster, selbst ausgedruckt
* Kochbuch »Ab jetzt vegan«
* Rettet-die-Urwälder-Klebeband
* Rettet-die-Meere-Klebeband
* »Atomkraft nein danke«-Fahrradwimpel
* Malbuch »Tierquälerei in der Manege«
* Flugblatt »Küken müssen schlüpfen dürfen«
* Kekse, zusammengeklebt statt energiefressend gebacken
* Schlüsselanhänger »Stoppt den Wahnsinn«
* Schlüsselanhänger »Schluss mit dem Irrsinn«

KLIMAFREUNDLICHE DICHTUNG III

Johann Wolfgang von Goethe
Lob des Verdauens

Im Verdauen sind zweierlei Gnaden:
Die Speisen schlucken und sich ihrer entladen.
Jenes bedrängt, dieses erfrischt;
So wunderbar ist das Leben gemischt.

Lausche beim Mahle den glucksenden Tönen,
Die sich vermehren zu gurgelndem Dröhnen.
Aus der Gedärme dumpf dunkelnden Tiefen
Tönt es, als ob dich die Engelein riefen.

Vernimmst du ihr Rufen? So eile hinaus!
Gleich draußen am Gärtlein hinter dem Haus
Find'st du den reizenden Bretterverschlag,
Entäußere dich dessen, was kommen mag!

Was du dort fallen lässt als dunkle Grüße,
Düngt den Salat und erfreut das Gemüse.
Gestern noch breiig, heut knackig und frisch,
Siehst appetitlich du's hier auf dem Tisch.

Und isst du's, so winken dir zweierlei Gnaden:
Die Speisen schlucken, sich ihrer entladen.
Jenes bedrängt, dieses erfrischt;
So wunderbar ist das Leben gemischt.

Familie ökologisch fit machen

EINE SPANNENDE ENTDECKUNG:
DIE MENSTRUATIONSKAPPE

Die Menstruation ist einer der schönsten Beweise für ein Leben im Einklang mit der Natur. Männer erleben sie leider nicht – oder immer noch selten; was ein Grund ist für ihre Fremdheit und Distanz gegenüber der Natur. Es ist traurig und typisch, dass die profitorientierte Industrie die Monatsblutung mit dem Nimbus von Scham und Unreinheit diskriminiert hat. Dabei sind ihre sogenannten »Hygieneartikel« alles andere als gesund für die Umwelt. Tampons und Binden bestehen aus Kunststoffgranulat und genmanipulierter Baumwolle. Sie werden wasseraufwendig gebleicht. Wegen ihres Anteils an Pestiziden in der Baumwolle und schwer abbaubaren Chemikalien im Kunststoff erhöhen sie den Müllberg, den Außerirdische demnächst in der Umlaufbahn unseres Planeten vorfinden werden. Aber seit langem gibt es eine klimaneutrale Alternative: die wiederverwendbaren Stoffbinden, mit denen schon unsere Urgroßmütter überglücklich im Einklang mit dem Mondzyklus lebten. Frau kann sie (die Stoffbinden, nicht die Urgroßmütter) ganz einfach selbst nähen. Mit einer solchen eigenen Herstellung ist auch der Fair Trade garantiert, der bei Binden und Tampons sonst selten gewährleistet ist. Auf längeren Reisen sind die auswaschbaren Stoffbinden zwar nicht ganz so komfortabel. Doch auf das Reisen wollen wir im Sinne des Klimas ohnehin gern verzichten! Wer dennoch einmal mit Bahn oder Schiff fahren muss – Fliegen ist selbstverständlich tabu – oder wer empfindlich auf Stoff reagiert, der greift zu einer preisgünstigen und müllsparenden Alternative: zur Menstruationskappe! Die Kappe, gelegentlich auch Mondkappe oder Menstruationsglöckchen genannt, ist, was all unsere Besitztümer sein sollten: wiederverwendbar! Hergestellt wird sie aus medizinischem Kunststoff oder – noch besser – aus Bio-Kautschuk. Sie wird alle paar Stunden in die Toilette entleert, kurz ausgespült und wieder eingesetzt. Nach der Regel wird sie einfach ausgekocht und bis zum nächsten Einsatz beiseitegelegt. Weil eine Menstruationskappe bis zu zehn Jahre hält, ist sie die kostengünstigste Form eines Damenhygieneartikels! Leider ist sie zu Unrecht noch nicht weit verbreitet. Deshalb Achtung beim Ausspülen im Waschbecken von Gastgebern oder in der büroeigenen Teeküche. Nur ausgewiesene Klimaschützer sollten dabei zusehen!

EMPFÄNGNISVERHÜTUNG
OHNE PHARMARIESEN

Die Menstruationskappe kann – umgekehrt eingesetzt – auch zur Empfängnisverhütung verwendet werden. Doch Verhütung sollte Sache der Männer sein. Ökologisch empfindende Frauen entdecken zunehmend die mexikanische Wilde Yamswurzel, mit der bereits die indianischen Urvölker erfolgreich ihre eigene Fortpflanzung verhinderten. Aus der Yamswurzel wurden die ersten Antibabypillen entwickelt. Erst seit einigen Jahren gibt es sie, ohne Einfluss der globalen Pharmariesen, getrocknet und pulverisiert in Kapselform. Die Yamswurzel ist das einzige mit Biosiegel dekorierte Empfängnisverhütungsmittel! Indianisch fühlende Frauen ziehen die Yamswurzel selbst, trocknen sie an einem sonnigen Platz in der Wohnung und zerstoßen sie in einer meditativen Stunde mit dem Mörser. Die Einnahme des Wurzelpulvers verhindert nicht nur die Empfängnis, sondern, wie Erfahrungsberichte zeigen, durch ihren eigentümlichen Geruch auch die Annäherung befruchtungswilliger Männchen.

Naturbewusste Männer warten übrigens längst nicht mehr auf die angebliche Pille für den Mann. Sie lassen sich sterilisieren oder greifen zu empfängnisverhütenden Vorrichtungen, die sich seit Urzeiten bewährt haben: zu selbstgenähten Kondomen aus Fischblasen, Ölpapier oder aus Schafsdärmen, die sich mit Seidenbändern anmutig verschnüren lassen. Die Nähte solcher natürlichen Kondome sind zwar spürbar, doch gerade der dadurch entstehende zusätzliche Reiz wird von vielen Probanden als stimulierender Stresstest beschrieben.

DÄNEN ERSETZEN –
NACHHALTIG SAMEN SPENDEN!

Begonnen hat es im Dezember 2012. Nach einem verheerenden Amoklauf in Connecticut machten sich Genforscher daran, die DNA des Massenmörders zu untersuchen. Was sie über die speziellen Erbinformationen herausfanden, war zwar bemerkenswert, hinsichtlich der Anwendbarkeit jedoch umstritten. Zunächst einmal konnten die Ergebnisse wenigstens eines verhindern: dass derartige genetische Auffälligkeiten über Samenbanken vervielfältigt werden. Belastetes

Erbmaterial soll nicht weitergegeben werden. Immerhin vermag ein gesunder Mann mühelos fünfzig Samenspenden im Jahr abzuliefern. Mit der Zeit können also bis zu tausend Spenden eines einzelnen Mannes zusammenkommen; und das hat es auch schon gegeben, wie bei einem mittlerweile berühmt gewordenen österreichischen Arzt. Die Familientreffen mit all seinen Kindern sind schwer überschaubar.

Was bedeutet das für uns, die wir uns täglich um die Zukunft der Menschheit sorgen? Es gibt nur eine Konsequenz: dass wir die Samenbanken mit umweltfreundlichen Spenden versorgen! Bislang steht weltweit immer noch Dänen-Sperma an der Spitze der Wunschliste. Eine bestürzende Mehrheit befruchtungswilliger Frauen bestellt Sperma von blonden, blauäugigen Nachfahren der Wikinger. Unter den Aspekten des Klimaschutzes ist das alles andere als begrüßenswert! Denn die Dänen haben das Kyoto-Protokoll nicht einmal halbherzig umgesetzt, sie haben stattdessen mit der acht Kilometer langen Öresundbrücke zwischen Kopenhagen und Malmö die Fischschwärme in der Ostsee folgenreich irritiert und die Zugvögel vom Kurs abgebracht. Und ausgerechnet diese Leute sollen sich vermehren?

Bitte nicht! Alle grünen Männer guten Willens sind deshalb zu Spenden aufgerufen! Eine ökologiefreundliche Samenbank ist seit Mai 2013 im Aufbau. Willkommen bei dieser Samenbank sind Mitglieder von Greenpeace, Foodwatch, Attac, Peta, World Wildlife Fund und dergleichen wohltätigen Organisationen. Die verantwortungsbewussten grünen Spender erhalten die üblichen fünfzig Euro bei Abgabe von mindestens 1,7 Milliliter verwendbaren Samens. Beim Ausleseverfahren wird nicht so sehr das Alter der Kandidaten berücksichtigt, sondern vielmehr der Nachweis aktiven Engagements für den globalen Naturschutz und eine positive Ökobilanz. Das Ziel: die Erde mit möglichst vielen umweltfreundlichen und klimaneutralen Kindern zu bevölkern.

Ein wichtiger Nebeneffekt dieser positiven Auslese: Der sogenannte Identitätsschock wird vermieden. Diesen Schock erlitten bislang immer wieder jene jungen Menschen, die eines Tages von ihren Eltern erfahren mussten: »Liebling, du bist das Kind eines Samenspenders!« Wenn es hingegen heißt: »Du bist das Kind eines Tierrechtlers« oder »eines Öko-Guerilleros«, wird die Freude ungetrübt und nachhaltig sein.

Übrigens: Zeugungsfähige Leser dieses Buches werden als Spender bevorzugt behandelt. Der Nachweis der Lektüre gilt als Eignungszeugnis mit Bestnote. Die 1,7 Milliliter müssen allerdings trotzdem zusammenkommen.

ANREGUNGEN FÜR DAS ABENDLICHE ZWIEGESPRÄCH

Mit unserem Partner geht uns zuweilen der Gesprächsstoff aus. Hier sind drei Fragen, die rasch für Abhilfe sorgen. Weil sie nicht einfach zu beantworten sind, lernen wir dabei unseren Partner besser kennen, besonders von seiner ökologischen Seite. Nachhaltig denkende Umweltaktivisten nutzen die folgenden Fragen auch gerne bereits vor Zustandekommen einer engeren Bindung, um spätere Enttäuschungen zu vermeiden.

* »Die Natur kennt keine Ehrfurcht vor dem Leben«, beklagte der Nobelpreisträger Albert Schweitzer. »Sie bringt tausendfältig Leben hervor und zerstört es tausendfältig in der sinnlosesten Weise ... Die Wesen leben auf Kosten des Lebens anderer Wesen. Die Natur lässt sie die furchtbarsten Grausamkeiten begehen ... Die Natur lehrt grausigen Egoismus.« Findest du das bedauerlich, oder fühlst du dich in deinem bisherigen Egotrip bestärkt?

* Angenommen, bei deiner Wiedergeburt könntest du ganz im Einklang mit der Natur leben. Wäre dir der Einklang auf großem Level am liebsten, also etwa mit einem Hurrikan oder Vulkanausbruch, oder lieber subtil im Einklang mit Milbe, Zecke oder Spulwurm? Lieber im Einklang mit Opfern, etwa mit einer Gazelle, die von einem Löwen zerrissen wird? Oder lieber im Einklang mit einer Schlange, die ein Kaninchen erwürgt?

* Bisher darf man nur Haustiere einschläfern lassen. Um den Wasserverbrauch und Energiebedarf zu reduzieren, soll diese Regelung in China nun auch für Familienmitglieder jenseits der siebzig gelten – sofern sich eine Mehrheit in der Verwandtschaft findet. Wie sieht es in deiner Familie aus?

HAUS UND WOHNUNG
WIEDER MIT LEBEN FÜLLEN

Früher waren Häuser und Wohnungen voller Leben. Die Menschen lebten im Einklang mit der Natur, nicht nur draußen in Feld und Au. Auch zu Hause. Sie putzten ihre Wohnungen nicht mit chlorhaltigen Reinigern zu Tode. Sie waren nicht besessen davon, ihre Wäsche zu klinischer Sauberkeit zu foltern. Sie hatten nicht den Ehrgeiz, Bad und Küche in aseptische Quarantänezellen zu verwandeln. Sie brauchten keine Sprühdosen, die Salzsäure und Glykol-Äther enthielten. Ein wenig Essigwasser genügte ihnen. Sie verwendeten keine Geschirrspülmittel, die Phosphat und Perkarbonate enthielten. Sie leckten einfach ihre Teller sauber ab und kamen im Übrigen mit herkömmlicher Kernseife aus.

Dahin wollen wir zurückkehren! Um der Natur willen, aber auch um unseretwillen. Chemische Zusätze in Haushaltsreinigern führen häufig zu Unentschlossenheit, Fernsehsucht und Lethargie. Das mag noch hingehen. Doch für die empfindliche Tierwelt sind sie verletzend und nicht selten tödlich. Ausgerechnet die zartesten und allerkleinsten Wesen müssen leiden, wenn wir Menschen unsere Wohnung allzu sauber haben wollen – die nicht nur unser, sondern auch ihr Zuhause ist!

Deshalb lernen wir von nun an, Staub, weißlichen Belag und Schmierfilm als das zu sehen, was sie sind: lebenspendend! Deshalb benutzen wir wieder wie unsere weise Urgroßmutter Soda oder Maisstärke, um Teppiche und Polster von Flecken und Gerüchen zu befreien. Wir verwenden warmes Wasser mit einem Schuss Essig, um Fliesen und Sanitärinstallationen rein zu halten. Und wir freuen uns, dass wir mit einem einfachen Mittel wie Zuckerwasser Wein- und Obstflecken entfernen können.

Wenn wir zu dieser natürlichen Lebensweise zurückkehren, werden wir bald wieder all die kleinen Lebewesen begrüßen, mit deren Vorfahren schon unsere Ahnen einträchtig zusammenlebten. Und wenn wir, wie damals, Mittel wie Stärke und Zucker benutzen, werden wir die kleinen Wesen nicht nur in Frieden leben lassen, wir werden sie sogar ernähren. Denn das sind Mittel, mit denen sie sich rundum wohlfühlen. Willkommen also, all ihr kleinen geflügelten, geschuppten, vielbeinig krabbelnden, schnell laufenden, wimmelnden Freunde! Wir wollen in Harmonie mit euch leben!

Willkommen, ihr Flöhe!

Nicht nur Spitzwegs berühmter *Armer Poet* lebte friedlich mit Flöhen zusammen und ließ sich von ihnen inspirieren. Wilhelm Busch malte Flöhe, Goethe und Theodor Storm bedichteten sie, Mozart, Beethoven oder Chopin komponierten ihnen zu Ehren den Flohwalzer. Von der Springlebendigkeit dieser winzigen Tiere können wir trägen Menschen nur lernen! Gewiss – ein Floh kann auch mal beißen, wer könnte das nicht? Doch sein Beißwerkzeug ist winzig im Gegensatz zu unserem oder zu dem unserer Hunde. Und den bei seinem Biss entstehenden Juckreiz nehmen wir gern in Kauf, beweist er uns doch: Neue Haustiere fühlen sich bei uns heimisch, die Flöhe fühlen sich wohl. Ihre Larven übrigens freuen sich, wenn wir ihre behaglichen Behausungen, also unsere Teppiche und Betten, nicht zu häufig lüften oder gar reinigen.

Kehrt zurück, süße Schaben!

Einer der berühmtesten Dichter des vergangenen Jahrhunderts, Franz Kafka, setzte einer Schabe ein bleibendes Denkmal mit seiner Erzählung *Die Verwandlung*. Er tat das ganz bewusst in einer Zeit, als der chemische Feldzug gegen die kleinen Tierchen gerade eingeläutet wurde. Wie bewundernswert, dass der sensible Dichter dagegen anschrieb! Mittlerweile ist es höchste Zeit, dass wir es ihm nachtun und die behänden Sechsfüßler, die schneller laufen können als jedes andere Insekt, wieder zu Ehren kommen lassen. Eine der großen Weisheitslehrerinnen unserer Jahre, die Amerikanerin Byron Katie, wurde ihrer Biographie zufolge erleuchtet in dem Augenblick, als eine Schabe über ihren Fuß lief. Sollen wir diesem Tier, das leider auch Kakerlake genannt wird, irgendetwas ankreiden? Womöglich seinen Hang zum Nachtleben, seine begründete Furcht vor Licht, seine Fluchtbereitschaft? Im Gegenteil. Wir sind aufgerufen, diesen Lebewesen Asyl zu bieten!

Fliegt froh, zarte Motten!

Viele Tierschutzorganisationen kritisieren die Käfighaltung von Sittichen und Kanarienvögeln. Was Flügel hat, muss fliegen dürfen. Eine hübsche Alternative zu inhaftierten Stubenvögeln sind die zarten Motten. Sie singen zwar nicht, oder zumindest nicht so laut, dass es unseren groben Ohren vernehmlich wäre. Doch sie kommen freiwillig, und sie führen bei uns ein glückliches Leben, wenn wir sie nicht daran hindern. Einige probieren ein wenig von unseren Kleidungsstücken, besonders dann, wenn wir fair gehandelte Seide oder Biobaumwolle im Schrank haben. Ihre winzigen Fressspuren sind eine Art Biosiegel. Motten sind verlässliche Öko-Tester. Deshalb teilen wir mit Verwandten aus ihrer Gattung bereitwillig unsere Frühstücksflocken und Getreidesorten. Was Lebensmittelmotten gerne essen, ist auch gut für uns. Sie haben ein feines Sensorium für gesunde Kost. Danke! Ein schlimmes Verbrechen, das wir auf keinen Fall begehen und an dem wir auch unsere Freunde hindern müssen, ist das Ausbringen von Mottenfallen. Einige Fallen arbeiten sogar mit Pheromonen, also mit Sexuallockstoffen. Das ist sexueller Missbrauch, gefolgt von Mord! Nicht mit uns. Niemals. Fliegt froh, ihr engelhaften Wesen!

Tanzt, Wanzen, tanzt!

Als die Menschen der Natur noch nicht entfremdet waren, besangen sie alle Lebewesen, mit denen sie lebten, auch die kleinsten Tiere und gerade jene, vor denen sich heute viele Unwissende grausen. Wir kennen noch das schöne alte Lied: »Auf der Mauer, auf der Lauer, sitzt 'ne kleine Wanze. Seht euch mal die Wanze an, wie die Wanze tanzen kann!« Das war einmal. Doch es kann wieder so sein! Allmählich setzt sich die Einsicht durch, dass niemals Kampf der Weg sein kann, sondern immer nur das friedliche Miteinander. Auf Biobauernhöfen ist es schon so. Dort wird auf chemische Mittel verzichtet. Wer einmal Urlaub dort gemacht hat, hat es an den Wanzen erkannt, die ihm im Bett quicklebendig Gesellschaft leisteten. Und Reisende, die in verbürgten Öko-Hotels absteigen, finden die Rechtmäßigkeit des Biosiegels gerade dadurch bestätigt, dass Wanzen in den Matratzen wohnen. Hier wird auf »Schädlings«bekämpfung bewusst verzichtet! Umgekehrt erkennen die Wanzen auch den Bio-

Reisenden. Sie riechen: Dieser Mensch mag mich, und ich mag ihn. Und dann reisen sie unbekümmert mit, im Koffer, in der Kleidung, einfach aus Liebe und aus Bedürfnis nach Nähe. Willkommen! Bei uns sollt ihr euch nicht verstecken müssen hinter Scheuerleisten, Lichtschaltern, Bildern, hinter Möbelfugen und abstehenden Tapetenrändern. Bei uns sollt ihr euch glücklich und frei bewegen: Tanzt, Wanzen, tanzt!

**Und fühlt euch aufgenommen,
all ihr anderen kleinen Gäste!**
Springt herunter von der Roten Liste, zu uns! Wir sind ein Biohaushalt. Scharfe Putzmittel, Scheuermilch, Rohrreiniger werdet ihr hier nicht finden, stattdessen reichlich zu fressen und multikulturelle Gesellschaft. Im Vielvölkerstaat unseres Biotops lebt ihr zusammen mit Hausstaubmilben, die sogar sehenswerte acht Beinchen haben. Mit Staubläusen, die süße Flügelschuppen besitzen und sich von Papier ernähren – am liebsten von Recyclingware, weil die schon vorgekocht ist. Mit Silberfischchen, die in den Fugen, Ritzen, Spalten unserer Wände und Böden unbedroht ihre Eier legen und ihre Kleinen großziehen. Ihr werdet den kugeligen Messingkäfer treffen, der die feuchten, dunklen Behausungen liebt; er verzehrt gern Wolle und Seide und knabbert auch mal an Lebensmitteln. Für seinen Kumpel, den rotbraunen Kugelkäfer, klein wie ein Stecknadelkopf, ist das Miteinander wichtig; er brütet am liebsten in verendeten Kleintieren. Wir freuen uns, ihn bald kolonienweise unter unseren Bodendielen zu wissen.

Die Rechte all dieser winzigen Tiere gehören in die Verfassung genauso wie die Rechte der großen. Hund und Katze und Nachtigall sind keine besseren Lebewesen als die winzigen Schaben und Silberfische. Bitte keinen menschengemachten Rassismus für Tiere! Steuern wir dagegen! Fangen wir damit an, allen diskriminierten Tieren Wohnrecht einzuräumen. Sie sollen glücklich sein bei uns. Wahrscheinlich sind sie es bereits. Hoffentlich bekommen wir keinen Ärger mit »Provieh«, der Organisation gegen *Massen*tierhaltung!

PATENSCHAFT FÜR FREMDE TIERE ÜBERNEHMEN

Nicht alle Tiere können in unserem Haushalt wohnen. Viele klimafreundliche Menschen haben deshalb eine Patenschaft für ein fernes Tier übernommen, etwa für eine Ziege in Kamerun, für einen Tiger in Indien oder für eine Kuh in Nepal. Für ihre regelmäßige Spende haben sie nicht nur eine Patenschaftsurkunde bekommen, sondern oft auch eine kleine Plüschausgabe ihres Patentieres und einmal im Jahr einen Projektbericht. Dieser Bericht versichert ihnen, dass lediglich 89 Prozent der Spenden für organisatorische und Werbezwecke verwendet werden. Der ehrliche Rest geht an den Halter des Tieres oder an einen Wildhüter, der auch mal was Ordentliches trinken möchte. Neuerdings erheben sich Stimmen von Menschen, die ihre Spende direkt und verlustfrei ans Ziel bringen wollen. Auch das ist möglich! Natürlich wäre es ökologisch widersinnig, nach Nepal oder Kamerun zu fliegen, um das Patentier direkt zu füttern, zumal es vermutlich gar nicht existiert. Nein, die direkte Spendenbereitschaft kann und sollte regional und vor Ort verwirklicht werden. Und direkt heißt: nicht in Form von Geld, das so viel Unglück über uns Menschen gebracht hat. Direkt heißt: in Form von Blut. Blutspenden für notleidende Tiere sind heute wichtiger denn je! Der tierliebe Pfarrer Dietrich Bonhoeffer hat es vorgemacht. In einem seiner Gedichte preist er eine Mücke, die auf seiner Hand landet und eine Blutmahlzeit halten will. Erst möchte er sie verscheuchen. Dann hält er inne und besinnt sich darauf, dass die Mücke Teil der Schöpfung ist wie er selbst. So lässt er sie schmausen. Er spendet ihr sein Blut. Nehmen wir uns daran ein Beispiel! Wir wollen den bedrohten kleinen Wesen einen Platz einräumen an dem gutgedeckten Tisch, den unser Körper für sie darstellt. So dienen wir dem Erhalt der Artenvielfalt und der ganzen Schöpfung, ja dem Kosmos und dem, was jenseits davon ist. Hier ein paar Vorschläge.

Die Sandmücke

Sie gehört zu den Migranten unter den kleinen Tieren. Erst in den letzten Jahren hat sie es aus dem Mittelmeerraum zu uns geschafft. Aber noch bedarf sie der Unterstützung. Sie liebt Weingegenden, in denen biologischer Anbau gepflegt wird. Unter Weinranken in einer abendlichen Laube sehen wir ihr gerne zu, wie sie mit ihren breiten Mundwerkzeugen unsere Haut aufritzt und aus einem perfekt geschaffenen Geviert Blut und Lymphe saugt. Man nennt sie auch Pool-Sauger. Das rote Viereck reicht uns als Spendenquittung.

Die Tsetsefliege

Das kleine Tierchen mit dem charakteristischen Rüssel gibt es auch bei uns, seit es von spirituellen Medizinern gegen

Schlaflosigkeit eingesetzt wird. Für diese Anwendung genügt oft schon ein einziger Stich. Das ist biologisch und preisgünstig, wird aber leider von den öffentlichen Kassen immer noch nicht anerkannt. Und auch in ihrer Heimat in Afrika gehen Unbelehrbare immer noch mit Fallen und chemischen Mitteln gegen die Tsetsefliege vor. In Sansibar ist sie bereits ausgerottet! Zu Recht steht sie auf der Roten Liste. Wenn sie anderswo verfolgt wird, bei uns ist Platz!

Die Zecke

Ohne sie würden Organismen wie Borrelien, Babesien oder Ehrlichien niemals reisen können, etwa vom Igel zur Maus oder vom Eichhörnchen zu uns. Zecken stellen sich in selbstloser Dienerschaft zur Verfügung: als Verkehrsmittel für all die Kleinstlebewesen, die sich kein eigenes Fahrzeug leisten können oder wollen. Diese Winzigsten der Winzlinge reisen im Speichel der Zecke. Und wir mögen sie, die kleinen Migranten! Wir unterstützen ihre nichtsesshafte Lebensweise. Sollen also die Zecken in Ruhe bei uns landen, damit ihre Passagiere ohne Hektik aussteigen und zu uns umsteigen können. Die Welt lebt vom Austausch!

Der Rattenfloh

Wie so viele andere missverstandene Tiere ist dieses im Fell gastfreundlicher Nager wohnende Wesen lange diskriminiert worden. Nur weil der kleine Sauger unwissend pestauslösende Bakterien mit sich führte und immer noch führt, ist er von skrupellosen Wilderern nahezu ausgerottet worden. Erst mühsam ist es in letzter Zeit wieder gelungen, ihn durch eine biologisch intakte Umgebungspflege wieder anzusiedeln. Der Rattenfloh ist besonders dankbar für unseren Verzicht auf chemische Reinigungsmittel und Pestizide. Er bittet nun auch im Namen seines Gastgebers, der Ratte, um weitere Anstrengungen zur Wiederherstellung des ursprünglichen alten Öko-Systems. Aber gerne doch!

Die Anopheles-Mücke

Müssen wir nun doch auf eine kerosinlastige Reise gehen? Es ist traurig, aber wahr: Seit der widernatürlichen Trockenlegung unserer heimischen Sümpfe ist die Anopheles-Mücke rar geworden in Mitteleuropa. Wir müssen schon nach Afrika, nach Asien oder in den Westpazifik reisen, um den letzten Überlebenden ihrer Art zu begegnen. Auch die Anopheles möchte nicht mehr als ein wenig von unserem Blut abzapfen. Ihr Stich ist nicht einmal schmerzhaft. Warum nur wurde sie vertrieben? Komm zurück, kleine Anopheles! Wir werden alle begradigten Flüsse wieder zurückbauen, die Flussauen erweitern und alle Sümpfe so bald wie möglich renaturieren!

KINDER ÖKOLOGISCH ERZIEHEN

Es ist der innigste Herzenswunsch unserer Kinder, auf einem gesunden Planeten zu wohnen. Deshalb freuen sie sich, wenn wir sie frühzeitig auf die drängendsten Probleme aufmerksam machen – auf den Braunkohleabbau in der Lausitz, auf die Überdüngung der Felder in der Altmark und auf die psychischen Probleme der Wildbienen am Kaiserstuhl. Zum Geburtstag und zu Weihnachten sind unsere Kinder besonders dankbar für Bücher über Umweltzerstörung, Massentierhaltung und die Profitgier globaler Konzerne.

Leider müssen wir sie auch ganz konkret auf die schlimmsten Umweltsünder in unserer Nachbarschaft hinweisen. Etwa auf die Leute im Hochparterre gegenüber, die häufig das Licht brennen lassen in Zimmern, in denen sie sich gar nicht aufhalten. Wenn unser Fernglas nicht täuscht, lassen sie ihren Fernseher auch nachts auf Stand-by und benutzen Kondome aus Synthetik, für die fossile Rohstoffe verbraucht werden. Immerhin: Aus solchen schlechten Beispielen können unsere Kinder lernen, wie man es nicht macht! Dass sie mit den Kindern solcher Nachbarn spielen, ist nicht empfehlenswert – es sei denn, sie können die Kinder der Umweltsünder für das Gute gewinnen. Dazu müssen wir sie erziehen, wenn sie nicht schon von sich aus so weit sind.

In ihrer Freizeit begleiten uns unsere Kinder am liebsten ins Museum zu Umweltausstellungen oder zu ökologischen Veranstaltungen mit vielen interessanten Schautafeln. Wenn sie an den Computer gehen, sollten wir darauf achten, dass sie nur die lehrreichen Kinderseiten von Oxfam, Attac oder Korrekte Klamotten besuchen. Und selbstverständlich halten wir sie dazu an, sich umweltschonend zu verhalten. Sie sollen zum Beispiel lose Blätter und Blätter in Heften von beiden Seiten beschreiben. Zum Malen benutzen sie am besten die Rückseiten alter Kopien oder den Rand von Zeitungen. Geräte sollen sie niemals eingeschaltet lassen, wenn sie aus dem Raum gehen. Falls sie einen Hamster haben, können wir ihnen zeigen, wie man durch zwei Kabel und einen Transformator aus dem Laufrad im Käfig wertvollen Strom gewinnen kann.

Beim Zähneputzen mögen unsere Kinder bitte das Wasser abdrehen. Und selbstverständlich freiwillig verzichten sie auf das Baden und duschen lieber, und zwar kalt. Beim Toilettengang gehen sie sparsam mit dem Recyclingpapier des Greenpeace-Magazins um, das wir dort ausgelegt haben. Und natürlich spülen sie nicht ständig, sondern beherzigen die Richtlinie des Umweltbundesamts: Braun muss gehen, Gelb kann stehen.

Wir gehen mit ihnen zusammen einkaufen und überlegen gemeinsam, welche Lebensmittel umweltfreundlich verpackt sind und wo gefährliches Plastik verwendet wird. Wir zeigen ihnen, welche Kunden die falschen Dinge im Korb oder Wagen haben, und wir ermutigen unsere Kleinen, diese Kunden anzusprechen und aufzuklären. Denn wenn unsere Kinder groß sind, sollen sie für eine ökologische Organisation arbeiten oder sogar in die Geheime Staatliche Umweltpolizei eintreten. Rechtzeitiges Üben bereitet sie vor auf diese verantwortungsvolle Aufgabe. Hier noch drei Anregungen:

Wache halten am Altglasbehälter

Während andere Kinder gedankenlos Rad fahren oder Fußball spielen, widmen sich unsere Kinder einer sinnvollen Tätigkeit. Sie halten Wache am Altglascontainer. Immer noch kommt es vor, dass unbedachte Mitbürger braune Flaschen in den Grünglascontainer werfen oder sogar grüne Flaschen in den Weißglascontainer. Das ist noch nicht strafbar. Doch wer um die Artenvielfalt besorgt ist oder das Klima retten möchte, kann hier nicht wegsehen. Sortenreinheit ist oberstes Gebot. Grünglas und Braunglas mögen noch einen gewissen Fremdanteil vertragen, aber nicht mehr als zehn Prozent. Bei Weißglas gefährden schon mehr als 0,5 Prozent die Reinheit. Das heißt: Zu zweihundert korrekt eingeworfenen Flaschen aus Weißglas darf höchstens eine einzige Flasche aus Grün- oder Braunglas in den Container gelangen. Schon eine zweite farbige Flasche verdirbt die Reinheit. Hier nun passen unsere Kinder auf. Während die Fehlwerfer die Information durch uns Erwachsene womöglich als Zurechtweisung empfinden würden, nehmen sie von Kindern die Belehrung gern und dankbar entgegen. Unsere Kinder rufen »Halt!«, bevor es zu einer verhängnisvollen Fehlentsorgung kommen kann. Die grüne Flasche gehört nicht in den Weißglascontainer! Keramik gehört überhaupt nicht in einen Altglascontainer! Auch Steingut und Porzellan nicht! Den Deckel der Konservendose bitte abschrauben, er gehört in den gelben Sack! Den Korken bitte aus der Flasche ziehen, er gehört in die Korkensammelstelle! Fensterglas, Spiegelglas, Laborglas oder ein Fernsehschirm enthalten spezielle Beimischungen, die auf keinen Fall ins Altglas gehören. Das sind Sonderabfälle! Auch Trinkgläser dürfen nicht in den Container. Denn ihrer optischen Eigenschaften wegen enthalten sie Schwermetallzusätze, meistens Blei. Sie gehören in den Giftmüll. Ihre Entsorgung ist kostenpflichtig!

Autofahrer auf dem Parkplatz ansprechen

Es ist traurig und beschämend, dass es immer noch Menschen gibt, die ein Auto fahren. Immerhin haben die meisten von ihnen mittlerweile ein schlechtes Gewissen. Unsere Kinder schärfen es, indem sie Fahrerinnen und Fahrer ansprechen – am besten auf dem Parkplatz eines Supermarkts oder in einer Tiefgarage. Gerade wenn Menschen zum Einkaufen aufbrechen wollen oder vom Einkaufen zurückkehren, womöglich mit Plastiktüten beladen, haben sie für Umweltfragen ein offenes Ohr. Ein Beispiel: Sofern der Betroffene ein älteres Auto fährt, geben unsere Kinder ihm zu bedenken, ob er nicht besser ein neues, umweltverträglicheres Fahrzeug erwerben könne. Fährt er hingegen ein neues Fahrzeug, fragen unsere Kinder, ob er nicht sein altes hätte weiterfahren können, denn das neue hat zur Vergeudung wertvoller Ressourcen beigetragen. Dabei geht es nicht um eine Entscheidung, sondern um die Sensibilisierung der Autofahrer für die eigene Verantwortung. Fährt der Kandidat ein Dieselfahrzeug, forschen unsere Kinder nach dem Partikelfilter und unterrichten den Fahrer über die Wirkung von Dieselabgasen auf die empfindlichen Atemwege. Er soll sein krankmachendes Fahrzeug möglichst schnell zu einem zertifizierten Verwerter bringen, auf keinen Fall zu einem Straßenhändler, der es nach Afrika verschifft, wo es dann weiter Krebs und Klimaschäden verursacht. Wenn der Diesel-Fahrer wegfährt, husten unsere Kinder laut und so überzeugend, wie sie es im Öko-Theaterkurs ihrer Schule gelernt haben. Ein besonderes Augenmerk haben sie auf die Hybridfahrzeuge. Deren Fahrer halten sich häufig für umweltfreundlich. Es hat sich noch nicht bis zu jedem herumgesprochen, dass die Herstellung der schweren Lithium-Ionen-Batterien so viel Energie verschlingt wie der herkömmliche Fuhrpark eines nordkoreanischen Diktators. Noch schlimmer: Unglaubliche zwanzig Kilogramm Seltene Erden werden in einem Hybridauto verbaut – ausgerechnet also jene raren Rohstoffe wie Zinn, Wolfram und Tantal, die in Asien und Afrika illegal und unkontrolliert abgebaut werden, fast immer von indigenen Ethnien, die wie Sklaven vegetieren. Selbst wenn unsere Kinder dem Hybridfahrer diese Botschaft schonend beibringen, wird er verstehen: Mit seinem Fahrzeug outet er sich als radikaler Umwelt- und Menschenvernichter. Falls er seinen Schlüssel sofort abgeben will: Unsere Kinder nehmen ihn gern in Verwahrung und überbringen ihn den Eltern zur fachgerechten Entsorgung des Fahrzeugs.

Informieren an der Mülltonne

Die meisten Menschen in unserem Land wünschen sich nicht nur eine gesunde Umwelt. Sie sind auch bereit, etwas dafür zu tun. Der klassische Tätigkeitsbereich ist die Mülltrennung. Zugleich wird hier am meisten falsch gemacht. Beispiel: Waschmittelkartons gehören in den Papiermüll, aber nicht der Henkel aus Plastik daran! Der muss in die Gelbe Tonne. Verbundstoffe müssen in den Gelben Sack oder in die Gelbe Tonne, jedoch nur, wenn sie den offiziellen Grünen Punkt tragen! Und selbst dann sollten die Stoffe getrennt werden: Von alten Videokassetten ist die Hülle in der Gelben Tonne willkommen; das Band selbst muss herausgezogen und dem Restmüll zugeführt werden. Von Zahnbürsten dürfen nur die Borsten in die Gelbe Tonne (mit einem scharfen Messer abtrennen), der Stiel gehört in den Restmüll. Unsere Kinder wissen das und noch viel mehr, denn Umweltschutz ist ihr liebstes Schulfach. Ältere Menschen hingegen sind häufig verunsichert. Das zu ändern, sind unsere Kinder gern bereit. Sie informieren vor Ort. Nach ihren Schularbeiten halten sie bei den Mülltonnen Wache. Sobald ein Nachbar mit seinen Tüten kommt, fordern sie ihn höflich auf, den

Inhalt vorzuweisen. Beim Blick in die Tüte zeigt sich dann schnell, wo der Nachbar folgenreiche Fehler gemacht hat. Finden sich etwa Spuren von Lippenstift (synthetische Silikone!) an einer Serviette, die er zum Papiermüll geben will? Wurde auf dem Papierbogen mit einem Textmarker geschrieben (giftige Schwermetallsalze)? Enthält die Pralinenschachtel noch die Innenverpackung aus Kunststoff, die Zigarettenschachtel noch die gefährliche Alufolie? Und was der Nachbar da in die Gelbe Tonne stopfen will, trägt es definitiv alles den Grünen Punkt? Wie ist es mit den Blisterverpackungen – hat er wirklich aus jeder Blase die Luft herausgedrückt? Sind die Folien, Becher, Dosen, Tuben tatsächlich sorgsam von Speiseresten und Produkten der Körperpflege gereinigt? Unsere Kinder kontrollieren freundlich, jedoch beharrlich. Sie sind nicht streng. Aber Verpackungen, die keinen Grünen Punkt tragen, gehören nicht in die Gelbe Tonne. Sie müssen an den Verpackungshersteller geschickt werden. Er ist verpflichtet, sie zurückzunehmen. Unser Nachbar freut sich bestimmt, das zu hören. Und er ist erleichtert, dass er jetzt noch unentgeltlich dazulernen darf, von freundlichen Kindern, bevor ab übernächstem Jahr die Umweltpolizei ihre Arbeit verschärft und Klimablockwarte bestimmt.

Weitere Möglichkeiten für unsere Kinder:
Vor dem Baumarkt über Tropenhölzer informieren, bei Ikea auf Arbeitsbedingungen in den Billiglohnländern hinweisen, im Zooladen Rennmäuse und Wellensittiche befreien, im Supermarkt Eier aufklopfen im Rahmen der Aktion »Küken müssen schlüpfen dürfen«.

BIOLOGISCH ALTERN:
LEBENSABEND IM EINKLANG MIT DER NATUR

Alle Völker, die noch ganz in ihren Traditionen verwurzelt sind, ehren das Alter. Allerdings beginnt das Alter bei ihnen früher. Aufgrund ihrer streng biologischen Lebensweise ist ihre Lebenserwartung um einige Jahrzehnte geringer als bei uns total degenerierten Europäern. Bei den Naturvölkern beginnt das Altern mit Mitte dreißig. Lediglich in unseren Hockey- und Fußballvereinen hat sich die Einstufung als Senior in diesem Alter erhalten.

Das Schöne bei den Naturvölkern: Die Jungen bitten die Senioren um Rat. Zwar wird der Rat so gut wie niemals befolgt, doch die Alten dürfen ihn äußern. Erst jenseits der fünfzig haben sie nichts mehr zu sagen. Dann wird das Alter auch bei den indigenen Völkern nicht mehr geehrt. Vielmehr werden die Alten als segensreiche Möglichkeit empfunden, den ewigen Kreislauf der Natur zu unterstützen. Drei Beispiele:

»Auf die Reise gehen«, heißt es für die Alten bei den südamerikanischen **Indios**, wenn die Zeichen des Verfalls unübersehbar sind. Diese Reise hat bei uns eine Entsprechung in den mit hohen Sterblichkeitsraten gesegneten Kreuzfahrten. Allerdings führt die Reise eines hinfälligen Indios in den Wald, allein. Das Sterben im Dorf ist genauso unerwünscht wie die Rückkehr des Bejahrten aus dem Wald. Er möge sich »an einen Termitenhügel hocken« oder werde »bei eingeschränkter Beweglichkeit dort abgesetzt«, heißt es in den Überlieferung, »auf dass die Geister des Waldes sich seiner annehmen und ihn verwandeln«. Indio-Humus ist jetzt

übrigens auch bei uns zu haben, in allen guten Biogarten-
märkten.

Die betagten **Inuit** haben – im Gegensatz zu unseren Alten – ein deutliches Gespür dafür, ab wann sie ihrer Familie
nur noch eine Last sind. Nach ihrem Glauben darf kein Mit-
glied des Stammes sein Leben in einer Hütte oder einem Iglu
aushauchen; die Behausung wäre dann verflucht und müsste
auf der Stelle verlassen werden. Also sollen die Alten beizei-
ten nach einem Floß Ausschau halten, das sie hinaus auf den
Ozean tragen wird. Oft bekommen sie eines zum fünfzigsten
Geburtstag. Die pittoreske Sitte, die Alten auf eine Eisscholle zu setzen und mit einem Fußtritt in die Strömung zu
befördern, wird leider durch die globale Erwärmung bedroht. Ein Grund mehr, den Klimawandel zu bekämpfen!

Im ländlichen **Japan** war es bis ins 19. Jahrhundert üblich,
dass alte Menschen, vor allem Witwen jenseits der siebzig,
sich freiwillig in die Berge zurückzogen. Falls ihnen die freiwillige Entscheidung schwerfiel, wurden sie von tatkräfti-
gen Helfern in einer mehrtägigen Wanderung in unwegsa-
mes Gelände transportiert und dort abgesetzt. Unfähig, über
steile Pfade zurück ins Dorf hinabzuklettern, schlürften die
Alten noch ein wenig Quellwasser, nahmen bittere Kräuter
zu sich und übereigneten ihren Körper dem göttlichen Stirb
und Werde der Natur. Ökologisch sensibilisierte Japaner haben eine Rückkehr zu diesem Brauch durchgesetzt.

Rückzug an einen Platz in der Natur, liebevolle Hingabe
des verfallenden Körpers an die Lebewesen, die noch etwas
damit anzufangen wissen: Das ist die ursprüngliche Tradition, übrigens bei allen höheren Säugetieren. Ein unter Ver-
schluss gehaltenes Arbeitspapier des Bundesfamilienminis-

teriums beklagt, dass sogenannte sterbliche Hüllen immer noch ungenutzt den Begräbnisinstituten überlassen werden. Das interne Papier beschreibt die Traditionen alter Völker, ohne eine eindeutige Empfehlung auszusprechen. Vorstellbar sei die Wiederbelebung des alten Brauches in gesondert ausgewiesenen Gebieten, etwa dem urwaldähnlichen Hainich in Thüringen, dem hessischen Kellerwald, im Oberpfälzer Lerautal, in der Auenlandschaft des Bliesgau und rund um den Rachelsee im Bayerischen Wald. Noch sind diese Gebiete nicht offiziell für den biologischen Lebensausklang freigegeben. Für den freiwilligen letzten Gang gibt es jetzt jedoch erste Wanderkarten im Web.

Es gibt andere nachhaltige Möglichkeiten. Wir können unsere Alten nicht in der Wüste abladen wie die **Beduinen**, auf dass der Flugsand eine Düne schaffe, die nachfolgenden Nomadenzügen die Orientierung erleichtert. Auch hegen wir Zweifel an den Erzählungen australischer **Aborigines**, denen zufolge ein Greis sich nach einem Abschiedsmahl in eine *willy-willy* setzt, also in eine Windhose, die ihn in ihrem Wirbel davonträgt. Auch der Weg der **Nepalesen**, die ihre Alten auf einen Gipfel tragen, wo sie eine Wolke aufnimmt oder die Geier zupacken, auch dieser Weg ist uns in unserer überregulierten Gesellschaft verwehrt. Doch es gibt ökologische Nischen, die keine EU-Norm erfasst, authentische Wege zu einem natürlichen Lebensausklang. Die folgenden vier stehen auf der Auswahlliste für den Großen Dunkelgrünen Öko-Preis.

1. Biomülleimer aufstellen

Das ist einfach und effektiv. Zum Glück ist es nur die halbe Wahrheit, was Mikrobiologen und Umweltmediziner beklagen: Die Biotonne sei eine medizinische Katastrophe. Gewiss, die Biotonne ist eine Brutstätte für gesundheitsschädliche Pilze und Bakterien. Aber sollen Bakterien und Pilze etwa nicht leben? Der Biomülleimer in der Küche ist ein Schlaraffenland für *Aspergillus fumigatus*, den bewundernswerten Schimmelpilz, der Atemwegserkrankungen bis zum Erstickungstod auslöst. Aber ist das so schlimm? Wir, als Freunde der streng biologischen Entsorgung, schenken unserem hinfälligen Senior einen Biomülleimer. Und zwar einen mit Fußpedal. Denn beim schwungvollen Öffnen des Deckels entsteht jedes Mal jener nötige Unterdruck, der die Pilzsporen heraussaugt und in die Atemluft befördert. Fühle dich noch einmal umarmt, Opa, wir verlassen jetzt die Küche!

2. Energiesparbirnen eindrehen

Senioren besitzen leider oft noch die unschädlichen alten Glühbirnen. Hier können wir im Sinne der Umwelt einschreiten. Wir ersetzen die alten harmlosen Birnen durch die neuen giftigen Energiesparvarianten. Energiesparbirnen verdampfen Quecksilber, leider oft so langsam, dass das Verlassen des Körpers erst nach drei bis fünf Jahren eintritt. In unserer überalterten Gesellschaft bleibt uns diese Zeit nicht! Gut zu wissen, dass alle Energiesparbirnen ihr Quecksilber sofort freisetzen, sobald ein Riss oder Loch im Glas entsteht. Formaljuristisch sollen kaputte Energiesparbirnen bei der Problemstoffsammlung des Recyclinghofes abgeliefert werden.

Aber wem nützen sie da? Besser: zwei bis drei brüchige Glühbirnen unterm Bett unseres Seniors lagern. Er hat sich immer einen Übergang im Schlaf gewünscht. Und tschüs!

3. Streugut reduzieren

Viele Städte haben finanzielle Probleme wegen des hohen Anteils an Alten, Lahmen und Gebrechlichen in der Bevölkerung. Erst in den letzten Jahren haben Bürgermeister und Stadtverwaltungen Konsequenzen gezogen. Jetzt handeln sie im Einklang mit der Natur. Der Winter war in früheren Jahrhunderten die klassische Zeit für eine großflächige Entsorgung. Jetzt wird er es endlich wieder, und zwar überall dort, wo der Streumitteleinsatz bei Glatteis reduziert wird. Durch den Verzicht auf Sand und Streugut findet die Überalterung der Bevölkerung durch biologische Auslese ein natürliches Ende. Alte Menschen, heißt es im aktuellen Thesenpapier des Deutschen Städtetages, geben ohnehin zu viel gefährliches Kohlendioxid in die Atmosphäre ab. Uns liegt etwas an Klima und Umwelt – also arbeiten wir mit! Nach jedem Eisregen rufen wir unsere betagten Onkel und Tanten an und ermutigen sie zu einem erfrischenden Spaziergang.

4. Das kleine Geschenk

Bei Eingeborenenvölkern kommt es selten vor, in unserer naturfernen Welt jedoch viel zu oft: dass alte Menschen noch länger leben wollen. Dabei wäre es in ihrem ureigensten Interesse, in eine bessere Welt hinüberzuwechseln, oder wenigstens in eine andere. Für all diese unschlüssigen Menschen hat die Rote-Kreuz-Mitarbeiterin Martina Rosenberg ein ermutigendes Buch geschrieben: »Mutter, wann stirbst du endlich?« Nicht zufällig wurde es auf Anhieb zum Bestseller. Der Vater-Band ist schon in Arbeit. Was Mut macht: Nach der Lektüre dieses Buches steigt bei den alten Menschen die Bereitschaft, die Augen rasch und für immer zu schließen. In vielen Fällen reicht schon der Anblick der Titelzeile. Im Sinne des Weltklimas verschenken wir also dieses ansprechend aufgemachte Büchlein in großem Kreis an Familienmitglieder, am besten mit den liebevollen Worten: »Dich interessiert doch immer, was ich gerade lese!«

Ehrenvolles Sterben für Weltretter

Für die folgenden Arten des Ablebens im aufopferungsvollen Einsatz verleiht das Bundesumweltministerium seit Juli 2013 das große Bundesverdienstkreuz aus Recyclingmaterial:

* Beim Einsatz für Robben versehentlich für eine gehalten worden.
* Bei der Gletscherpflege in eine Spalte gestürzt.
* Bei der Kommunikation mit Delfinen falsch verstanden worden.
* Aus Protest an einen Baum gekettet und vergessen worden.
* Beim Profilfoto für Facebook über die Reling des Walrettungsbootes gekippt.
* Vor Scham über die Menschheit in den Boden versunken.
* Bei der Kontaktaufnahme mit bedrohten Völkern als Eiweißquelle angesehen worden.

WAS MORGEN WICHTIG WIRD

Es ist geschafft. Wenn wir mit diesem Buch verantwortungs-
voll gearbeitet haben, dann sind wir jetzt bessere Menschen
geworden. Mehr noch: Die Welt ist besser geworden. Die
Luft ist durch unser Wirken ein bisschen sauberer, das Klima
erwärmt sich spürbar langsamer, der Urwald atmet auf, das
Meer schlägt Wellen. Doch ist es noch nicht Zeit, die Hände
in den Schoß zu legen. Der Erhalt der natürlichen Lebensgrundlagen bleibt unsere Aufgabe. Viel bleibt noch zu tun.
Was genau? Das verrät uns an jedem Tag ein Blick auf die
Nachrichten. Gleich folgt hier eine Zusammenfassung der
morgigen Nachrichten. Vorbeugend. Denn wir haben schließlich nicht immer Zeit, die News zu verfolgen, einfach weil wir
vielleicht gerade mal eine Robbe retten, ein Windrad antrei-
ben oder einen Vulkanausbruch verhindern. Weil wir trotzdem immer wissen sollten, was gerade vorgeht auf unserem
Planeten, sind hier die wichtigsten Überschriften. Einfach
ausschneiden oder einscannen und bitte immer dabeihaben.
Diese News von morgen sind auch übermorgen und über-
übermorgen immer wieder topaktuell.

* Wissenschaftler warnen
* Experten schlagen Alarm
* Bürger reagieren mit Betroffenheit
* Forscher malen eine düstere Zukunft
* Ökologische Bedenken tauchen auf
* Die Entwicklung gibt Anlass zur Besorgnis

* Fachleute ziehen eine Bilanz des Schreckens
* Augenzeugen malen ein Bild des Grauens
* Menschen äußern Wut und Trauer
* Beobachter zeigen sich tief erschüttert
* Helfer sprechen von einer Spur der Verwüstung
* Korrespondenten schildern den Schauplatz des Entsetzens
* Was man befürchtete, wird zur traurigen Gewissheit
* Milliardenschwere Konzerne spielen die Gefahr herunter
* Die Bevölkerung reagiert mit leidenschaftlichen Protesten
* Das Ausmaß des Desasters könnte noch größer werden
* Die längerfristigen Auswirkungen sind unabsehbar
* Der Ruf nach den Verantwortlichen wird lauter
* Die Ereignisse lösen eine heftige Kontroverse aus
* Eine Katastrophe ist keineswegs ausgeschlossen
* Das ganze Ausmaß offenbart sich erst jetzt
* Die Folgen könnten verheerend sein
* Das Inferno wäre vernichtend
* Das Schlimmste ist zu befürchten
* Es herrscht weltweites Entsetzen
* Gespenstische Ruhe breitet sich aus
* Die weitere Entwicklung bleibt abzuwarten

KLIMAFREUNDLICHE DICHTUNG IV

Peter Hacke
Sie und Er

Peter Hacke schrieb dieses Gedicht auf Claudia Roth und Jürgen Trittin. Er vermied die Nennung der Namen – falls bei der nächsten Vorstandswahl andere Parteiführer gewählt werden würden. Der wichtige wertvolle ökologische Gehalt bleibt davon ungeschmälert.

Sie, mit naturgefärbtem Haar, sie trägt ein Kleid,
Das ohne Kinderarbeit fair gehandelt ward.
Sie zeigt uns Wählern jene Heiterkeit,
Die stets robust ist und zugleich stets zart.

Er, Denker mit zerfurchter Stirn, erwägt
An seinem Schreibtisch alarmierende Berichte.
Damit kein Klima sie von dannen trägt,
Benutzt er Gallensteine als Gewichte.

Gelegentlich lässt er das Auge ruhn,
Das väterliche, auf den prallen Lenden
Der Frau, die jetzt, versunken in ihr Tun,
Den Rock hochrafft mit ihren rauen Händen.

Ein milder Glanz geht, eine stille Pracht
Unwiderstehlich aus von diesem Paar.
Die Liebe und die grüne Macht
Sind nur mitsammen darstellbar!

Emissionsfreies
Zusatzkapitel 🌱

DIE ZWÖLF STERNZEICHEN IM ÖKO-CHECK

Ein verblüffend aktuelles Wort ist vom berühmten Seher und Astrologen Nostradamus überliefert: »Sage mir, unter welchem Zeichen du geboren bist, und ich sage dir, wie du verfährst mit der Natur und den Menschen.« Und mit den fossilen Rohstoffen, ergänzen wir, und mit der Mülltrennung und dem Klima und so. Bitte sehr.

WIDDER (21.3. – 21.4.)

Und Action! Ohne Sie würden einige Nerze immer noch in Käfigen schmoren und Hühner in Legebatterien sitzen. Sie haben sie befreit! Danke! Manches japanische Walboot wäre ohne Sie noch schwimmfähig, mancher Robbenfänger noch am Leben. Ist er nicht mehr! Sie sind Aktivist. Sind der tatendurstige Fighter unter den Rettern der Welt. Sie haben Schornsteine erklommen oder die Kletterer wieder herabgezwungen. Sie haben Bohrungen in den letzten Naturparadiesen der Erde verhindert oder haben dort selbst nach Öl gebohrt. Sie haben Rodungen gestoppt oder eigenhändig gerodet. Die Richtung ist Ihnen egal. Mit der »Rainbow Warrior« in See stechen oder den Kahn in die Luft jagen, Hauptsache, es ist was los! Und mögen alle anderen auch Tofu, Lupinengehacktes, Gemüse und Seitan essen, Ihr Steak muss blutig sein.

STIER (22.4. – 21.5.)

Sie sind Bewahrer der Natur. Sie misstrauen den Agrarkonzernen, den Genpatenten, den Pestiziden. Sie wollen den echten Wald rauschen hören und die Landwirtschaft nach alter Art erhalten. Nicht um des Klimas willen, sondern weil Sie selbst den Duft von Erde und von Tannen lieben. Und weil Sie qualitätsbewusst leben. Sie gehören zu den ökologischen Besser-Essern. Sie kaufen Bio nicht wegen der Umwelt, sondern damit es Ihnen selbst bessergeht. Wenn die Umwelt auch was davon hat, okay. Sie handeln nie überstürzt und nur von zu Hause aus. Ihre Aktionen schaden niemandem, denn Sie unternehmen keine. Lieber beobachten Sie die Geschehnisse bei einem guten Glas Biowein, während Sie in Ihrer hochwertigen Hängematte aus ungefärbter Baumwolle liegen, geduldig darauf wartend, dass die versprochene Erwärmung endlich mal eintritt.

ZWILLINGE (22.5. – 21.6.)

Sie rufen uns immer an, sobald es etwas Neues gibt. Also ständig. Sie sind auf Greenpeace Online ebenso zu Hause wie auf den Seiten von Nabu, Peta, Bund, Foodwatch, Ökotest, xhamster und youporn und betreiben Ihren eigenen weltverbessernden Blog. Ihre konzernkritischen Aktionen finden vorwiegend auf Twitter und Facebook statt. Kann auch mal sein, dass Sie kleine Wundertüten aus der Seedball-Manufaktur auf eine Verkehrsinsel werfen und sich dabei total subversiv vorkommen. Oder dass Sie sich zum geselligen Austausch einer Klimakarawane anschließen, die gerade durch Ihre Shoppingmeile marschiert. Sie haben tolle Geschichten drauf, von resozialisierten Tieren und geretteten

Affen. Im vergangenen Sommer sind Sie sogar auf einem aktionsfähigen Schlauchboot auf der Ostsee gesichtet worden! Allerdings rein privat.

KREBS (22.6. – 22.7.)

Sie spüren, dass die Erde Hilfe braucht. Sie fühlen mit der leidenden Kreatur. Sie weinen, wenn im Fernsehen ein Urwaldriese stürzt. Sie empfinden die Natur als große Familie. Und was Sie in Umweltsendungen sehen, finden Sie zutiefst alarmierend, beklemmend und besorgniserregend. Genau deswegen schauen Sie sich diese Sendungen an: wegen des Herzklopfens, der bangen Furcht, dem Gefühl des Ausgeliefertseins. Das alles belebt Sie, ohne dass Sie selbst noch aktiv werden müssen. Sie finden es heldenmütig genug, dass Sie eine Einkaufstasche aus Biobaumwolle besitzen sowie eine CD mit Vogelgezwitscher. Auch haben Sie schon ein Resozialisierungsprojekt für ausgesetzte Tiere unterstützt, immerhin mit drei Euro. Zu Ihrem Begräbnis sollen die Leute statt Blumen für Greenpeace spenden, in Ihrem geheiligten Namen. Danke.

LÖWE (23.7. – 23.8.)

Sie sind Solarexperte. Man sieht es an Ihrer gesunden Gesichtsfarbe. Sie strahlen Sonne aus. Irgendwie schaffen Sie es, unser aller Engagement für Klima und Artenschutz zu Ihrer persönlichen Aufwertung zu nutzen. Faire Endlagersuche, Protestmail-Aktion, Krötentunnel, ein Herz für die Arktis, egal, wo und wie andere sich ins Zeug legen, Sie kommen als Initiator rüber. Sie ernten die Lorbeeren. Außer Spielkarten aus Recyclingpapier hat niemand etwas Klimaschützendes bei Ihnen bemerkt. Trotzdem werden Sie ausgewählt, wenn ein Gewinner gesucht wird für das Schwimmen mit Delphinen oder für den Ballonflug überm Regenwald. Sie kriegen es hin, andere die Arbeit tun zu lassen und dann als Repräsentant den Ruhm einzustreichen. Eure Mühe hat sich gelohnt!, loben Sie uns, bevor Sie winkend in ein angeblich bedrohtes Urlaubsparadies abheben.

JUNGFRAU (24.8.–23.9.)

Sie haben einen empfindlichen Sensor für Feinstaubpartikel. Erstens konkret: Ihre Nase ist empfindlich, Ihre Haut ebenfalls. Und im übertragenen Sinn. Es bleibt eine Menge an Ihnen hängen. Vor allem Detailarbeit. Man bürdet Ihnen all den lästigen Kleinkram auf, weil Sie halbwegs zuverlässig und pedantisch sind. Dass Sie gegen die Ausbeutung der Natur votieren, kriegt keiner mit. Sie sprechen zu leise. Sie sollten lieber was tun. So lassen Sie sich willig ausbeuten von der großen grünen Organisation, in der Sie zur Sicherheit Unterschlupf gesucht haben. Jetzt merken Sie, dass Verbände, die sich gegen Raubbau und für Gerechtigkeit einsetzen, ihre Mitarbeiter besonders ungehemmt ausnutzen. Und wie war das mit der Hochzeitstorte? An deren Stelle sollen die Gäste an den WWF spenden? Okay, das wäre Ihr Wunsch. Aber klappt es denn überhaupt mit der Hochzeit? Vorläufig nicht? Na, wir drücken die Daumen. Reicht nicht auch die Patenschaft für irgendwas?

WAAGE (24.9.–23.10.)

Sie halten die Klimadiskussion für übertrieben. Aber etwas hat Sie zuletzt alarmiert. Namhafte Modemarken – auch Ihr ruhmreiches Lieblingslabel – lassen Kleidung in China produzieren. Dort ist man mit gesundheitsschädlichen Chemikalien bekanntlich nicht geizig. Die in der Brühe watenden chinesischen Arbeiter sind Ihnen nicht wichtig. Aber landen etwa Rückstände dieses Giftcocktails in Ihrer Unterwäsche? Und berühren Ihre Haut? Bitte nicht! Schon seit längerem gönnen Sie sich einen wöchentlichen Detox-Tag mit Gemüsesäften und Obst. Jetzt geben Sie Ihre Unterschrift für ein Detox-Programm großer Modehersteller. Und Sie melden sich freiwillig für die Modenschau: Prominente präsentieren giftfreie Kleider. Damit ist Ihr Gewissen hinlänglich beruhigt. Ihr charmantes Lächeln ist mehr als genug für die siechen Arbeiter in Asien.

SKORPION (24.10. – 22.11.)

Sie können lieben. Und Sie können hassen. Und das tun Sie. Im grünen Bereich dürfen Sie es endlich! Sie hassen also die Atomlobby. Die Stromkonzerne. Die CO_2-Monster. Sie hassen die Emissionshändler, die Genkonsortien, die Chemieproduzenten. Sie hassen die Fischer, die Jäger, die Vielflieger, die Autofahrer, die Nachbarn. Wow! In Ihrer regionalen Klimagruppe kennt man Sie und hält behutsam Abstand. Denn Sie sind heftig, hartnäckig, kämpferisch, herrschsüchtig. Wären Sie auch noch kompromissfähig, könnten Sie mühelos in der Politik Karriere machen. Aber Sie zwingen lieber, als dass Sie mit sich reden lassen. Ja, dann wechseln Sie doch in die Spitze eines Atomkonzerns! Denkbar ist das. Für drastische Umschwünge sind Sie immer gut. Umweltthemen dienen Ihnen jedenfalls vor allem für eines: für das schadstoffreiche Lodern Ihrer Leidenschaft.

SCHÜTZE (23.11.–21.12.)

Unüberschaubar ist die Zahl der Petitionen, die Sie bereits unterzeichnet haben, oft mal eben im Internet. Zahllos sind die weltrettenden Erkenntnisse, die Sie lauthals verkündet haben, bis Sie vom Gegenteil überzeugt wurden und dann mit diesem Gegenteil auf Mission gingen. Jederzeit sprudeln Sie über mit Ideen für aufregende Aktionen. Zum Beispiel eine Kapsel mit Unterschriften von Arktisschützern aus aller Welt auf dem Meeresgrund versenken – super! Oder einen Fußball mit dem Wort Frieden in 28 Sprachen zu bedrucken – ganz toll! Mit Recht brandmarken Sie den Ausstoß von Schwefeldioxid, Stickoxiden und Ruß aus den Schloten. Doch Sie selbst produzieren so viel heiße Luft, dass die Atmosphäre davon auch nicht kühler wird. Und, aber das bleibt unter uns, für Ihren Fast-Food-Verbrauch ist bereits der halbe Regenwald von Borneo draufgegangen!

STEINBOCK (22.12.–20.1.)

Ihretwegen wird sich das Klima jedenfalls nicht erwärmen. Sie heizen nicht mal im Winter. Sie kommen ohne Licht aus. Ihr Speiseplan gleicht einer Fastenkur. Und Ihre Wohnung ist so spartanisch eingerichtet wie eine mittelalterliche Gefängniszelle. Wahrhaftig, Sie kommen mit wenig aus. Ihr ökologischer Fußabdruck ist kaum zu sehen. Wenn alle so leben würden wie Sie, bräuchten wir weder Kraftwerke noch eine Nahrungsmittelindustrie. Nicht mal ökologisch zertifizierte Einkaufsmöglichkeiten, denn Sie behalten Ihr Geld lieber selbst. Wenn alle so leben würden wie Sie, wäre sogar diese Welt überflüssig. Alle anderen Lebewesen hätten sie längst in Richtung Nirvana verlassen. Freiwillig. Sie allein halten diese Askese aus. Also werden Sie womöglich als Einziger überleben. Und dass Sie der Einzige sind, werden Sie nicht mal bemerken. Der Unterschied fällt Ihnen nicht auf.

WASSERMANN (21.1.–19.2.)

Überfischung, Raubbau, Virenalarm, Kahlschlag am Amazonas, Risse im Reaktor, Nitrat im Grundwasser – alles superinteressant! All die Alarmmeldungen, die wir anderen uns zum täglichen Gruseln reinziehen, finden Sie belustigend und faszinierend. Man kann Ihnen nicht so richtig Angst machen. Stattdessen basteln Sie sich ein Solarradio, experimentieren in der Küche mit maschineller Müllsortierung und züchten im Badezimmer plastikfressende Mikroben. Es gibt keine Probleme, nur Herausforderungen: Das gilt für Sie. Die Probleme bekommen nur Ihre Nachbarn, wenn Sie mit dem Sortieren nicht fertig werden und Ihre Wohnung sich über das Messie-Stadium allmählich in eine private Müllkippe verwandelt. Wenn Sie irgendwann Bescheid sagen wollen, dass Sie fertig sind mit Ihrer alternativen Energieforschung, wird Ihr Solarhandy keinen Saft mehr haben.

FISCHE (20.2.–20.3.)

Sie sind mitfühlend. Nicht nur mit den Fischen in den ausgebeuteten Meeren, sondern mit allen Tieren, mit allen Pflanzen, allen fühlenden Wesen, gelegentlich sogar mit Steinen, wenn sie hübsch funkeln. Sie möchten den Welthunger bekämpfen und die Gen-Lobby bremsen, die Flüsse von Phosphor befreien und das Ammoniak aus der Luft raushalten. Die Äcker sollen nicht ausgelaugt werden, die Ölbohrungen müssen unterbleiben. Die Zukunft soll lebenswert sein, die

Urwälder sollen wachsen, das Meer durchatmen können. Und die Kinder sollen angstfrei spielen und glücklich aufwachsen in einer natürlichen grünen Umwelt. Ach, Sie meinen es so gut! Und zugleich scheint der Handlungsbedarf so übergroß! Da steuern Sie lieber nur das bei, was Sie am besten können: wünschen, träumen, sehnen. Okay. Wir machen uns unterdessen mal an die Arbeit. Trinken Sie was auf uns, das können Sie ja auch ganz gut!

KLEINES ÖKOLOGISCHES VOKABELTRAINING

Bei Gesprächen über Umwelt, Energie und Klima fehlt es oft an Faktenwissen. Den anderen sowieso, aber manchmal auch uns. Zum Glück ist das nicht hinderlich. Wichtiger als Fakten sind unsere Gesinnung und die allgemeine Richtung unserer Argumente. Um die Welt in wenigen Sätzen zu verbessern, müssen wir zunächst zeigen, wie schlecht ihr Zustand ist. Mit dem folgenden Basiswissen fällt uns das leicht. Es handelt sich um ein ökologisches Vokabeltraining. Mit diesen Begriffen und Sätzen, die wir anfangs gern auf einem Zettel dabeihaben dürfen, können wir fachgerecht für Aufregung sorgen. Wir möchten ja nichts anderes als Sorgen verbreiten und uns und die anderen in Alarmstimmung versetzen, damit sie endlich aufwachen. Das fördert nicht nur das Bewusstsein, es belebt auch den Kreislauf und fördert die Durchblutung peripherer Organe. Es verbessert die Welt und ist gesund.

Abfall: muss vermieden werden

Abholzung: wird rücksichtslos fortgesetzt

Abwässer: werden immer giftiger

Agrarfabriken: schlucken Bauernhöfe

Anstrengungen: sind nötig

Apokalypse: steht unmittelbar bevor

Arktis: ist bedroht

Artenvielfalt: nimmt alarmierend ab

Atomkraftwerke: werden in Asien verantwortungslos neu errichtet

Ausbeutung: wird rücksichtslos fortgesetzt

Ausstieg: muss vorangetrieben werden

Belastung: nimmt beklemmend zu

Besorgnis: wird erregt

Betreiber: ignorieren die berechtigten Sorgen und Ängste der Menschen

Betroffenheit: wächst

Bevölkerung: ist besorgt; ist alarmiert; explodiert

Bewusstsein: muss geschaffen werden

Biotope: werden gedankenlos geopfert

Bohrungen: müssen verboten werden

Braunkohlelobby: spielt Schwefeldioxid-Ausstoß herunter

Düngemittel: setzen Klimagas frei

Emissionen: nehmen alarmierend zu

Energierevolution: muss vorangetrieben werden

Erde: ist in wachsender Gefahr

Erwärmung: wird vielleicht zeitversetzt einsetzen

Experten: schlagen Alarm

Extremwetterlagen: nehmen bedrohlich zu

Fachleute: befürchten das Schlimmste

Feinstaubwerte: werden in neuen Rekordwerten gemessen

Fische: fressen nur noch Plastik statt Plankton

Fischereireform: wird zynisch untergraben

Gentechniklobby: verharmlost Gefahren

Gletscher: ziehen sich zurück

Globale Konzerne: treiben den Raubbau voran

Golfstrom: verlagert sich von Europa weg

Grundwasser: ist extrem belastet

Industrie: hält starrsinnig an stromintensiver Produktion fest

Infektionskrankheiten: kehren zurück

Insektizide: müssen komplett verboten werden

Irrsinn: muss sofort aufhören

Katastrophen: sind wahrscheinlich unabwendbar

Killerkeime: greifen an

Klimawandel: wird unabsehbare Folgen haben

Kohlekraftwerke: setzen Schadstoffe frei

Korallenriffe: sind vom Absterben bedroht

Krisenstab: tagt

Kurswechsel: muss erzwungen werden

Lage: spitzt sich abermals zu

Landwirtschaft, konventionelle: laugt die Äcker aus

Lebensgrundlagen künftiger Generationen: stehen auf dem Spiel

Malaria: breitet sich bald in Bayern aus

Malediven: sind dem Untergang geweiht

Meere: machen die Grätsche

Meeresspiegel: steigt beunruhigend

Megacitys: bereiten sich auf den großen Knall vor

Mülltrennung: muss schärfer überwacht werden

Natur: schlägt zurück

Nerven: liegen blank

Nutztierhaltung: verursacht gefährliche Emissionen

Obama: hat sich dem Druck der Konzerne gebeugt

Ozeane: kippen

Ozonloch: dehnt sich erschreckend aus

Pandemie: droht ungeahnten Ausmaßes

Papierkonzerne: lassen Wälder roden

Pestizide: müssen verboten werden

Petition: muss heute noch unterzeichnet werden

Pharma-Lobby: setzt gewissenlos Ziele durch

Polkappen: schmelzen

Polsprung: steht unmittelbar bevor

Probleme: wachsen

Prominente: müssen mit gutem Beispiel vorangehen

Raubbau: nimmt kein Ende

Reaktordruckbehälter: weist Risse auf

Rechnen: muss man mit dem Schlimmsten

Regenwald: wird hemmungslos vernichtet

Ressourcen: sind nahezu aufgebraucht

Rindern: droht der Wahnsinn

Risiken: steigen

Seuchengefahr: steigt tragisch

Spendenbox: ist für einen guten Zweck

Staat: ist in der Pflicht

Staubemissionen: nehmen erschreckend zu

Strom-Lobby: operiert mit falschen Zahlen

Strukturen, alte, gewachsene: werden grundlos zerstört

Temperatur: steigt besorgniserregend, auch wenn sie gleich bleibt

Tendenz: steigend

Textilhersteller: vergiften Abwässer

Tiere: sind Opfer respektlosen Umgangs

Umdenken: muss nachhaltig sein

Urlaubsziele: stehen vor dem Untergang

Urwald: wird erbarmungslos abgeholzt

Verantwortliche: müssen zur Rechenschaft gezogen werden

Vermüllung: wächst unheilvoll

Virus, mysteriöses: breitet sich aus

Wahnsinn: muss aufhören

Wald: stirbt

Wale: brauchen unsere Unterstützung

Wetterkatastrophen: nehmen zu

Wiedereinstieg: Worst-Case-Szenario

Zukunft: muss lebenswert sein

Zwölf: fünf vor oder fünf nach

TEST: WIE GROSS IST DEIN ÖKOLOGISCHER FUSSABDRUCK?

Nun ist es Zeit, dass wir unser Wissen noch einmal überprüfen. Exklusiv für dieses Buch haben renommierte Wissenschaftler den folgenden Test entworfen. Wir wissen, worum es geht: Der ökologische Fußabdruck ist ein Indikator für die Nachhaltigkeit. Er setzt unseren Ressourcenverbrauch in Relation zur Biokapazität der Erde. Wenn unser ökologischer Fußabdruck groß ist – wie derjenige der meisten Menschen in den Industrieländern –, dann verbrauchen wir mehr Ressourcen, als uns rechnerisch zustehen. Schließlich ist die Erde nicht unendlich groß und nicht unendlich fruchtbar. Ist unser ökologischer Fußabdruck hingegen klein – womöglich so klein wie derjenige der schützenswerten Völker, die noch im Einklang mit der Natur leben –, dann kommen wir genau mit der Fläche aus, die uns zusteht. Vielleicht haben wir sogar noch Platz für einen Gast. Allein um der Gerechtigkeit willen sollten alle Menschen gleich viel Platz, Nahrung und Rohstoffe zur Verfügung haben. Finden wir nun gemeinsam heraus, wie wir es halten mit der Gerechtigkeit, mit dem Klimaschutz, mit der Verteilung der Ressourcen. Wie klar ist unser Bewusstsein, wie sensibel unser Gewissen? Wir sagen jetzt mal ganz biodynamisch »Du« zueinander. »Du« ist, wie du sicher weißt, klimafreundlicher als »Sie«, weil es weniger Buchstaben verbraucht. Also bitte, du: Beantworte die folgenden zwanzig Fragen und addiere die Punktzahlen. Am Ende erfährst du die Auswertung. Du kannst minimal zwan-

zig und höchstens zweihundert Punkte erringen. Und los
geht's!

Kristallglas gehört wegen seines hohen Bleigehalts
nicht in die Altglassammlung. Was tust du also damit?

* Ich nutze es weiterhin als Feinstaubfänger. [5]
* Ich lasse meine Erbtante daraus trinken. [10]
* Ich bringe es vorschriftsmäßig zur Problemstoffab-
  gabe und entrichte die fällige Gebühr. [1]

Greenpeace hat errechnet, dass ein einziger Cockerspaniel im Jahr rund 164 Kilogramm Fleisch verschlingt. Für das Klima ist er damit genauso schädlich
wie zwei Geländewagen. In diesem Sinne hat die Bundesregierung jetzt ein Tauschprogramm ausgerufen.
Bedauerst du jetzt, keinen **Cockerspaniel** zu haben?

* Nein, ich habe einen und habe ihn auch schon einge-
  liefert. [1]
* Ein Geländewagen reicht mir. Für den anderen
  nehme ich eine Katze. [10]
* Meine Mutter verschlingt genauso viel Fleisch. Was
  kriege ich für sie? [5]

Rund 6500 Rollen **Klopapier** verbraucht ein Einzelner bis zu seinem 90. Lebensjahr. Das entspricht ungefähr einer Tonne Papier – oder zehn stattlichen Bäumen. Wie kann diese Entwicklung gebremst werden?

* Man sollte einfach die Lebenserwartung reduzieren, alte Knacker kapieren die Mülltrennung eh nicht mehr. [10]
* Man könnte beim Klopapier ab jetzt nicht mehr nur die Vorderseite, sondern auch die Rückseite benutzen. [5]
* Man sollte direkt zu den Bäumen gehen und dort sein Geschäft verrichten. Das nährt die Bäume und bewahrt sie vorm Tod durch die Papiermühle. [1]

Auf der Erde wurden bislang 1,8 Millionen **Arten** klassifiziert. Bis zu 100 Millionen Arten harren noch der Entdeckung. Hättest du Lust, an der Entdeckung teilzunehmen?

* Ja, aber ich kenne noch nicht mal alle Arten, die in meinem Badezimmer leben. [5]
* Ja, hoffentlich entdeckt man dabei ein paar Spezies, die man auf die Rote Liste gefährdeter Arten setzen kann! [1]
* Nein, aber ich kann euch ein paar Arten sagen, die dringend aussterben sollten, und zwar gleich hier in meiner Nachbarschaft. [10]

Saft- und Weinflaschen müssen künftig ohne Etikett in den Altglascontainer geworfen werden. Das Papier muss vorher abgelöst werden. Was tust du damit?

* Ich entsorge es in den Papiermüll. [10]
* Ich verwende es als Klopapier. [5]
* Ich schicke das Etikett an den Hersteller zurück, damit es neu verwendet werden kann. [1]

Völker, die noch unverfälscht im Einklang mit der Natur leben, beschwören Ahnen, tanzen gutes Wetter herbei, nutzen Zwerge als Abwehr gegen bösen Zauber, hängen zum Schutz Maulwurfspfoten an ihr Haus (nur wirksam, sofern die Pfoten bei lebendigem Leib abgerissen werden), sie legen verheirateten Frauen Halsspiralen um, bezahlen Zauberer, töten Hexen, versklaven Besiegte und bestatten unwillkommene Kinder bei lebendigem Leibe. Wenn wir schrittweise zu solch unverdorbener Lebensweise zurückkehren, was sollten wir als Erstes tun?

* Frauen Halsspiralen umlegen. [10]
* Gutes Wetter herbeitanzen. [1]
* Maulwurfspfoten aufhängen. [5]

Filme über einen Temperaturanstieg werden immer mit derselben Sequenz illustriert: mit einem **Eisbären**, der auf einer Eisscholle einbricht. Meinst du, es gibt noch andere Bildbeweise?

* Nein, denn das war der letzte überlebende Eisbär auf der letzten echten Scholle. [5]
* Es gibt noch unzählige andere, aber sie werden vom Kartell der Großkonzerne unterdrückt. [1]
* Die Temperaturen steigen ja seit fünfzehn Jahren nicht mehr. Deshalb muss es wohl bei diesem einen Filmschnipsel bleiben. [10]

Aufgrund archäologischer Funde haben Naturhistoriker ermittelt, dass es vor der letzten **Eiszeit** viel wärmer war als jetzt. Grönland war tatsächlich grün, in Norddeutschland standen Kokospalmen, im Rhein schwammen Flusspferde und Krokodile. Was sagst du dazu?

* Die Archäologen haben diese Beweisstücke erst eingegraben, um sie dann zu »entdecken«. Es sind bezahlte Propagandisten der verbrecherischen Atomindustrie. [1]
* Ach so? Super! [10]
* Aber die Klimaerwärmung war damals nicht von Menschen gemacht. [5]

Das Interventionsteam steht vor deiner Tür. Der Blockwart hat beobachtet, dass du einen **Teebeutel** im Ganzen in den Restmüll geworfen hast. Weißt du nicht, dass nur Schnur und Beutel in den Restabfall gehören, dass du die Metallklammer jedoch in die Wertstofftonne, das Schild zum Altpapier und den Tee in den Kompost hättest geben müssen?

* Oh, nein, das wusste ich nicht. Aber das leuchtet mir ein! Danke für die Aufklärung. [5]
* Das ist mir so was von scheißegal, ihr Öko-Faschos! [10]
* Entschuldigung, ich muss in Gedanken gewesen sein. Das Bußgeld bezahle ich sofort. [1]

Ein Sprichwort sagt: Niemand ist unnütz, er kann immer noch als **schlechtes Beispiel** dienen. Wer könnte als schlechtes Beispiel in Umweltfragen dienen?

* Mein Nachbar. [10]
* Wir Deutschen. [1]
* Die Amerikaner. [5]

Seit weniger Insektizide und **Pestizide** in der Landwirtschaft eingesetzt werden, vermehren sich explosionsartig die Zecken, deren Biss schwere bis tödliche Krankheiten wie Hirnhautentzündung und Borreliose auslöst. Findest du das bedauerlich?

* Nein, jeder Fortschritt ist mit Opfern verbunden, und so ein Opfer ist ehrenvoll. Der biologische Landbau muss leben, und wenn wir sterben müssen. [1]
* Nein, denn das fördert den Frieden. Solange wir Zecken haben, sind biologische Waffen überflüssig. [10]
* Ja, das ist bedauerlich. Die Bundesregierung ist in der Pflicht. Es müssen umgehend genügend Zeckenflüsterer ausgebildet werden, die den Tieren behutsam bewusst machen, dass es auch ohne Bisse geht. [5]

Zur Herstellung von E10 muss aus Schwellenländern Getreide importiert werden. Und zwar pro Tankfüllung so viel, wie ein Erwachsener in einem ganzen Monat essen kann. Spricht das gegen den Biokraftstoff?

* Nein, irgendwie muss ich ja rauskommen aufs Land zu meinem Ökobauern, um klimafreundliches Gemüse zu kaufen. [5]
* Im Gegenteil, das wird die Leute in den Schwellenländern ermutigen, ihre Ernährung umzustellen. [10]

* Ich fühle mit den armen Menschen in Afrika und Asien und möchte hiermit meine Solidarität ausdrücken. [1]

An 16000 **Alkoholtote** pro Jahr haben wir uns zum Glück gewöhnt. Wie ist das mit gentechnisch veränderten Nahrungsmitteln?

* Daran mag noch niemand erkrankt sein, aber sie sind viel gefährlicher. [5]
* Diese rhetorische Frage ist von der betrügerischen Gen-Lobby entworfen worden. [1]
* Ich habe mich noch keineswegs an Alkohol gewöhnt. Habt ihr was dabei? [10]

Alles Leben hatte vor vier Millarden Jahren einen gemeinsamen **Ursprung**, den sogenannten *Last Universal Common Ancestor*. Was kann man mit ihm machen?

* Ich würde ihn gern mal kennenlernen und ein ergebnisoffenes Gespräch mit ihm führen. [5]
* Wir müssen zurück zu ihm. Damals war alles noch im Einklang. [1]
* Aufhängen, denn er ist verantwortlich für den ganzen Scheiß. [10]

Bei siebzehn Atemzügen pro Minute atmet jeder Mensch achteinhalb Liter Luft ein. An einem einzigen Tag verbraucht er zwölftausend Liter. Kein Wunder, dass sauerstoffreiche **Luft** knapp wird auf der Welt. Wärst du bereit, für den Ressourcenschutz etwas weniger zu atmen?

* Nein, das sollen andere tun. [10]
* Selbstverständlich. Ich lese schon diesen Test mit angehaltenem Atem. [1]
* Die Luft, die ich wieder ausatme, ist für Minderbemittelte immer noch gut genug. [5]

Streitbare Öko-Aktivisten fackeln immer mal wieder Autos ab. Um auf den Energieverbrauch und den Schadstoffausstoß aufmerksam zu machen, wählen sie gern die großen **SUVs**. Ist das richtig?

* Nein, denn das Abbrennen der Autos verursacht eine klimaschädliche Rauchentwicklung. [5]
* Ja, aber die Brandbeschleuniger sollten nicht aus Erdölderivaten bestehen, sondern aus erneuerbaren Bennstoffen. [1]
* Wenn die Dinger leichter zu knacken wären, hätte ich noch kein einziges abgefackelt. [10]

In Australien leben 1,5 Millionen wilde **Kamele**. Jedes stößt pro Jahr eine Tonne klimaschädliches Methan aus. Außerdem fressen die Kamele Pflanzen, die bislang den Aborigines zur Nahrung dienten. Jetzt sollen die Kamele abgeschossen werden. Ist das richtig?

* Nein. Kamele haben ein Recht auf Leben wie jedes andere fühlende Wesen. [1]
* Man sollte zuerst versuchen, die Kamele zur Reduktion ihres Methanausstoßes zu bewegen. [5]
* Alle Kamele abschießen, klar! Wann wird das endlich auch in Deutschland erlaubt? [10]

Wasserkraftwerke, **Biogas**, Biodiesel sind mit den besten Vorsätzen eingeführt worden. Heute gelten sie als Umweltvernichter und Klimaschädlinge. Welches berühmte Zitat passt dazu?

* Paracelsus: Die es gut meinen, das sind die Schlimmsten. [5]
* Charles Bukowski: Für den Sieg des Bösen reicht es schon, wenn die guten Menschen ihr Bestes tun. [10]
* Dazu passt kein Zitat. Das erfüllt mich einfach nur mit Wut und Trauer. [1]

Dein **Großvater** weilt nicht mehr unter uns. Sein Gebiss passt weder dir noch anderen Verwandten. Es muss entsorgt werden. Wohin damit?

* In die Gelbe Tonne, denn es ist aus Plastik, und wenn er Petersilie aß, hatte es grüne Punkte. [5]
* Zum Kindererschrecken in die Halloween-Kiste. [10]
* Für den guten Zweck in arme Länder; sein Hörgerät, seine Brille und sein Bruchband sind schon in Afrika. [1]

Deine Eltern beschließen, in ihrem **Testament** Greenpeace als alleinigen Erben einzusetzen. Wie reagierst du?

* Ich beglückwünsche sie aus vollem Herzen. [1]
* Ich öffne eine Flasche Schampus. Dann muss ich also ihre Schulden nicht übernehmen! [10]
* Ich erkläre ihnen, dass das Geld bei Greenpeace im Verwaltungsapparat versickert. Ich hingegen kann das Geld direkt für die Umwelt einsetzen. [5]

AUSWERTUNG

121 – 200 Punkte

Danke, dass du an diesem Quiz teilgenommen hast! Damit bekundest du dein Interesse an diesem für uns alle so lebenswichtigen Thema. Bestimmt bist du nun neugierig auf weitere Informationen. Denn die brauchst du. Dein ökologischer Fußabdruck ist groß. So groß wie deine Punktzahl. Zu groß. Freue dich darauf, dass jetzt eine Reihe von Schulungen auf dich wartet, und zwar auf Betriebs-, Kreis- und Bezirksebene. Geprüfte Dozenten mit Biosiegel werden aus dir bald einen zuverlässigen Klimaschützer machen. Bitte melde dich innerhalb von vierzehn Tagen bei dem für dich zuständigen Umweltertüchtigungsamt. Andernfalls müssten – und das möchten weder wir noch du – empfindliche Disziplinarstrafen angeordnet werden. Bitte bringe den unverfälschten Testbogen mit und lege ihn zur Einschätzung deines Schulungsbedarfs vor. Schummeln wäre zwecklos und für dich sogar schädlich. Du stehst ab jetzt auf der Liste.

71 – 120 Punkte

Du hast viele ermutigende Antworten gegeben. Es ist schön, dass es Menschen wie dich gibt. Du hast dir schon eine Menge Gedanken gemacht zu Ressourcenschonung und Abfallvermeidung, zu fossilen Brennstoffen und klimaschonenden Alternativen. Auch die Beendigung des unermesslichen Tierelends liegt dir am Herzen. Du fühlst mit und bist guten

Willens. Einige deiner Antworten zeigen jedoch, dass dein Denken noch verschmutzt ist von alten Ideologien und von der lügenhaften Lobbyarbeit globaler Konzerne. Dein Handeln bedarf der Verbesserung, und diese Verbesserung fängt beim Denken an. In deinem Fall genügen ein paar Nachhilfestunden beim ökologischen Hausvertrauensmann. Zugleich empfehlen wir dir die Mitgliedschaft in der örtlichen Klimaarbeitsgruppe. Bitte verstehe, dass dein Alltag einer genauen Beobachtung durch den zuständigen Blockwart unterzogen werden muss. Weitere Fehlwürfe in die Gelbe Tonne können nicht toleriert werden.

20–70 **Punkte**

Herzlichen Glückwunsch! Du lebst nachhaltig. Du gehörst zu den Gerechten unter den Menschen. Dein Ressourcenverbrauch überfordert niemals die Biokapazität der Erde. Im Gegenteil. Du sparst Ressourcen. Du reinigst das Klima durch deine bloße Anwesenheit. Dein ökologischer Fußabdruck ist tierversuchsfrei und fällt winzig aus. Es ist beruhigend zu wissen, dass jemand wie du unter uns lebt und wirkt. Du würdest eine glänzende Figur machen als Gruppenführer bei der Öko-Polizei oder als biologischer Lehrkörper an der Kaderschule für nachhaltiges Leben. Auch als Scharführer der ökologischen Interventionstruppen wärst du geeignet. Leider sind diese Gruppen erst im Aufbau. Doch vielleicht verspürst du Lust und Kraft, schon mal mit ein paar Gleichgesinnten loszuziehen. Möglicherweise hast du mit jemandem zusammen diesen Test gemacht, der schlechter abgeschnitten hat als du? Dann kannst du gleich anfangen, ihn zu belehren. Denn du hast recht. Dir gebührt die Hildegard-von-Bingen-Medaille mit Eisenkraut und Pflugscharen. Und deinen ökologischen Fußabdruck darfst du im Walk of Fame der Nachhaltigkeit hinterlassen!

ÜBER DEN AUTOR

Dietmar Bittrich lebt in Hamburg. Er erfand das *Gummi-bärchen-Orakel* und schrieb heitere Bücher über das Reisen (*Urlaubsreif*, 2006), das Schlafen (*Gute Nacht! Mit deutscher Dichtung in den Tiefschlaf*, 2007), das Jungbleiben (*Alters-glück*, 2008) und über *Ungleiche Paare* (2010). Dafür bekam er den Hamburger Satirikerpreis. Bittrich liebt die Natur, so-lange sie ihm nicht zu nahe kommt, und betet täglich zum Gott der Mülltrennung.